외우지 않는 기억법

정신과 전문의가 알려주는
슈퍼 뇌력 암기 기술

외우지 않는
기억법

가바사와 시온 지음 | 박성민 옮김

라의눈

차례

02 뇌과학이 증명한 **최강 '아웃풋 기억법'**

03 정신과 전문의가 알려주는 **'기억력 외 기억법'**

감정이 움직이는 순간, 기억도 강화된다

뇌 안의 기억에 매달리지 않는 무한 기억법

뇌의 메모리를 최대한 확보하라

07 뇌를 젊게 만드는 가장 확실한 방법

기억력 때문에 좌절했던 스무 살 청년은 어떻게 정신과 의사가 되고, 암기 박사가 되었을까?

"책을 읽어도 금방 내용을 까먹어버려."

"요즘 토익을 공부하는데 전혀 외워지지가 않아."

"일하면서 깜빡깜빡 실수할 때가 많아졌어."

"건망증이 심해져서 치매가 아닌지 걱정스러워."

여러분도 이런 생각이 들 때가 있지 않은가? 이 책은 그런 고민을 힘들이지 않고 해결하는 방법을 알려준다.

나는 영화를 좋아해서 자주 본다. 가끔 같은 영화를 본 친구들과 영화 얘기로 꽃을 피울 때가 있는데 중요한 대사나 복선, 인물의 심리 변화 등 세부적인 내용을 말할 때면 "용케 그렇게 세세한 부분까지 기억하고 있네?"라는 말을 듣는다.

그럴 때면 나는 오히려 거꾸로 반문하고 싶은 심정이다. '어떻게 불과 한 달 전에 본 영화의 내용을 기억하지 못하지?' 하고 말이다. 책도 마찬가지다. 한 달 전에 읽은 책에 대해 자신 있게 말할 수 있는 사람은 거의 없다.

생각해보면 나는 한 달 전에 본 영화나 책은 물론 일 년 전, 하물며 십 년 전에 보고 읽었던 영화나 책도 꽤 세세한 부분까지 기억하고 있다. 그렇다고 내 기억력이 유난히 좋은 것도 아니다. 오히려 학창시절 기억력이 안 좋아 무척 고생했던 경험이 있다.

하지만 그런 고생을 겪고 또 그것을 극복하기 위해 노력하고 시행 착오를 거친 결과, 이제는 암기나 기억을 특별히 의식하지 않고도 책이나 영화 내용, 자신이 겪은 경험, 혹은 일하면서 인상에 남았던 에피소드 등을 생생히 떠올릴 수 있게 되었다.

이것을 달리 말하면 '외우지 않는 기억법'이라 할 수 있지 않을까?

입시가 코앞에 닥친 수험생처럼 필사적으로 암기하거나 무작정 외울 필요 따위는 전혀 없다. 애써 노력할 필요도 없다. 이 책에서 소개하는 기억법은 즐기면서도 깜짝 놀랄 만큼 많은 것을 머릿속에 남기는 방법이다.

암기력이 나빠도 기억할 수 있는 방법이 있다

나는 재수해서 삿포로 의과대학 의학부에 입학했다. 의대생이 된 것이 너무 기쁜 나머지, 입학 후 반년 동안 거의 놀기만 했다. 그러다 시험 기간이 되었다. 보통은 예전의 기출문제나 노트 필기를 복사한 내용 등을 모은 '시험대책'이라는 것이 있어서, 과목당 40~50장 정도의 분량을 암기해야 했다.

단기간 내에 상당한 분량을 암기하는 일은 쉽지 않았다. 그로부터 일주일 동안 죽을힘을 다해 외웠지만, 겨우 낙제를 면할 정도의 성적에 만족해야 했다. 그런데 동기 하나가 지나가는 말처럼 이렇게 말했다.

"이 정도야 사흘이면 외울 수 있지."

나는 머리를 싸매고 필사적으로 공부했는데, 동기들은 그러지 않고도 나보다 훨씬 높은 점수를 얻었던 것이다. 그때서야 암기력으로 그들을 이길 수 없다는 사실을 깨달았다.

대학 안에도 나보다 암기력이 좋은 사람이 이렇게 많은데, 학교 밖으로 나가면 그런 사람이 셀 수도 없을 만큼 많을 것이란 생각이 들었다. 평생 그들과 '암기력'과 '기억력'으로 경쟁한다는 것은 끔찍했다. 꿈에 부풀어 입학한 의대에서 겪은 최초의 좌절이었다.

오랜 고민 끝에 기존의 텍스트를 암기하는 것이 아니라 나만의 독창적인 개성으로 승부하는 방법을 발견했다. 그리고 몇 년 후엔 '암기력'이 아닌 다른 방법으로 나 자신의 능력, 아니 '뇌력腦力'을 이끌어내는 방법을 찾아냈다.

내가 20년 이상 시행착오를 통해 갈고닦은 방법, 즉 '암기력'이 나빠도 자기를 성장시키고 사회적으로도 평가받을 수 있는 방법이 바로 이 책에 담겨 있다.

지금은 검색 시대, '암기력'과 '기억력'은 더 이상 통하지 않는다!

입시 문제를 풀기 위해서는 '생각하는 힘'도 필요하지만, 어쨌든 일단 암기해야만 풀 수 있는 문제가 대부분이다. 말하자면 입시제도란 '기억력'이 좋은 사람을 뽑는 것이다. 하지만 사회인으로 살아가는 우리에게 '기억력'이 정말 그렇게 중요할까? 아니, 애초에 '기억력'이 필요하기는 할까?

사회인은 '커닝 자유'의 세계에 살고 있다. 회사에서 회의 발표 자료를 작성한다고 해보자. 관련된 책이나 문헌 등을 가능한 한 많이 읽고 보다 깊이 있는 내용으로 만들 수 있다. 무슨 자료를 보든 상관없다. 오히려 중요한 자료를 훑어보지 않으면 질책을 당할 것이다. 필요한 건 암기력이 아니라 '정보 활용 능력'이다.

무엇보다 지금은 인터넷 시대다. 사소한 숫자나 데이터를 잊는다 해도 컴퓨터나 스마트폰으로 검색하면 몇 초 만에 금방 해답을 알 수 있다. 인터넷 세계는 우리에게 '외장 하드디스크'의 역할을 한다. 그러니 특정 시험을 준비하는 사람이 아니라면 '암기력'이나 '기억력'에 의존할 필요가 없다.

결론적으로 우리는 '정보 그 자체'를 기억할 필요가 없어졌다. 단지 '어디에 어떤 정보가 있는지'만 떠올릴 수 있으면 된다. '기억력' 그 자체가 중요한 것이 아니라 '기억을 얼마나 빨리 끄집어내고 어떻게 제대로 활용할 수 있을까?'가 중요하다.

그것이 이 시대에 필요한 완전히 새로운 '기억법', 더 정확히 말하면 '기억 활용술'이 아닐까?

그런데 신기하게도 그걸 깨달은 사람은 많지 않은 것 같다.

정신과 전문의가 알려주는 '외우지 않는 기억법'

나는 정신과 의사로 일하면서 10년 동안 알츠하이머병 연구에 매진했다. 박사 논문도 알츠하이머병에 관한 내용이었다. 알다시피 알츠하이머병이란 '기억장애'가 주된 증상인 치매의 한 종류다. 당시 기억이 어떻게 형성되고 어떻게 장애를 일으키는지 꽤 깊이 연구했다.

나는 페이스북의 '좋아요' 수 14만 개, 트위터 팔로워 12만 명, 또 메일 매거진 발행부수 15만 부 등, 누계 약 40만 명의 독자들을 위해 매일 정보를 발신하고 있다.

최근에는 유튜브에도 매일 새로운 동영상을 올리고 있다. 이런 활동을 한 지는 벌써 18년이 넘었다. 이렇게 다양한 미디어에서 수십 만 명을 대상으로 10년 이상 정보를 발신하고 있는 일본인은 내가 아는 한 없다.

나는 정신과 의사이면서 인터넷 아웃풋의 일인자이기도 하다. 최신 뇌과학 연구와 인터넷 시대의 특성을 결합해 공부와 업무 능력을 최대한 올려주는 방법을 알려주고자 한 것이 이 책이다. 다시 말하지만 이 책의 내용은 기존의 기억법과는 전혀 다르다.

스마트폰 시대, 구글 시대에 완벽하게 대응하고 미래 세상에서 절대적으로 필요한 '완전히 새로운 기억 활용술'을 몸에 익힐 수 있도록 한 것이다. 여러분은 다른 사람에 비해 몇 배 더 빨리 일을 처리할 뿐 아니라 굉장한 속도로 자기성장을 이룰 수 있을 것이다.

무작정 외우기만 하는 암기는 필요 없다. 노력할 필요도 없다. 기억력이 좋지 않은 사람일수록 더 큰 효과가 나타난다.

기존 상식을 완전히 뒤엎는 '외우지 않는 기억법'이 여러분의 인생을 바꿔줄 것이라 확신한다.

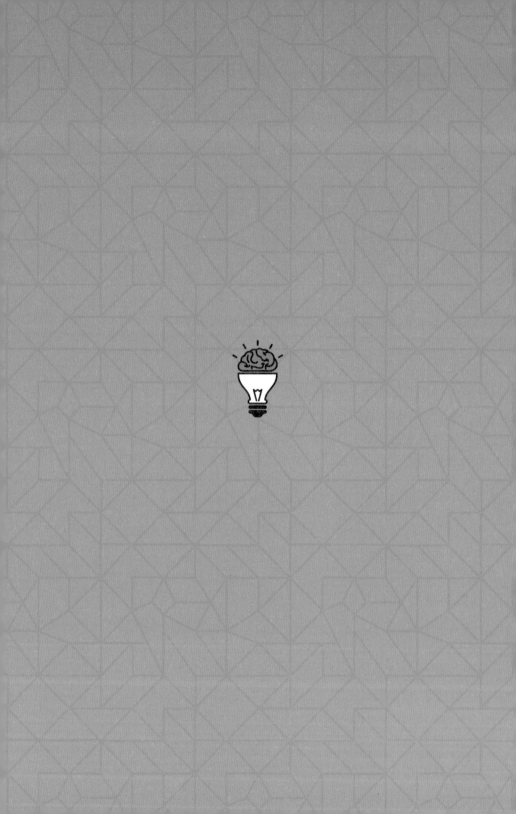

'외우지 않는 기억법'의
3가지 장점

"외우지 않고 기억한다고? 지금 장난해?"

지금 이 책을 펼친 당신은 분명 그렇게 생각했을 것이다. 태어나서 지금 이 순간까지 뭔가를 암기하고 기억하느라 얼마나 고생하고 있는데 외우지 않고 기억하다니, 그런 일은 가당치도 않다고 여기는 것이다.

결론부터 말하자면 외우지 않고 머릿속에 남기는 것은 가능하다. 좋은 성적을 얻고 시험에 합격하는 등, 기억으로 얻는 성과는 물론이고 뇌가 활성화되어 학습능력과 업무능력 자체가 향상되는 결과도 얻을 수 있다.

이 책이 말하는 '외우지 않는 기억법'은 단순히 잘 외우는 스킬이 아니다. 자기성장을 가속화시키는 업무전략이기도 하다.

그러면 '외우지 않는 기억법'의 구체적 방법을 설명하기 전에 그것을 통해 얻을 수 있는 3가지 장점과 각각의 장점을 확실하게 구현할 수 있는 기본 전략에 대해 알아보자.

뇌의 퇴화와 치매를 방지한다

최근 건망증이 심해졌다고 고민하고 있는가?

사람 이름이 금방 떠오르지 않는다.

방금 뭘 가지러 왔는지 잊어버렸다.

며칠 전 읽은 책 제목이 생각나지 않는다.

중요한 약속을 깜빡 잊어버렸다.

이런 건망증 증상들이 나타나면 '내가 혹시 치매에 걸린 게 아닐까' 하는 불안한 마음이 든다. 대부분의 사람들은 기억력이 유지되거나 향상되기를 원하지만, 나이 탓이라 어쩔 수 없다며 쇠퇴해가는 기억력에 대해 체념한 채 아무런 대책도 세우지 않는다.

뇌를 많이 사용하지 않으면 뇌의 움직임이 둔해지고 기억력은 떨어진다. 뇌세포들도 조금씩 죽기 때문에 뇌의 용적이 점점 줄어들게 되는데 이를 '폐용성 위축'이라고 한다. 실제로 고령자의 뇌를 찍은 MRI 사진을 보면 뇌가 줄어든 것을 눈으로 확인할 수 있다.

이런 말을 들으면 '나이듦 = 기억력 저하'라는 등식이 성립된다고 생각할지 모른다. 그러나 뇌과학적 측면에서 보면 이것은 잘못된 생각이다.

최신 뇌과학이 밝혀낸 런던 택시기사의 비밀

인간의 뇌세포는 태어난 이후 매일 10만 개씩 줄어든다고 알려져 있다.

내가 의과대학에 다닐 때만 해도 '뇌세포는 증식도 재생도 하지 않는다'고 배웠다. 하지만 최근 뇌과학 연구는 이런 기존의 지식을 정면으로 반박한다.

영국 런던대학의 맥과이어 교수팀은 런던 시내의 택시기사 16명의 뇌를 조사했다. 그들은 일반인에 비해 해마의 체적이 컸는데, 운전 경험이 많을수록 그 크기가 증가한다는 사실이 밝혀진 것이다. 경력 30년의 베테랑 기사의 경우, 일반인에 비해 해마의 체적이 3퍼센트나 크다는 결과도 나왔다. 체적에서 3퍼센트가 증가했다는 것은 신경세포가 20퍼센트 늘어났다는 것을 의미한다.

복잡하기 이를 데 없는 런던 길을 운행하는 기사들은 매일 기억 훈련을 한 셈이다. 날마다 아무런 자극도 없이 멍하니 시간을 보내면 뇌는 점점 쇠퇴한다. 나이와 함께 뇌세포도 하나둘씩 죽어갈 것이 분명하다. 하지만 뇌를 적절하게 단련한다면, 기억에 중요한 역할을 하는 해마의 세포를 증가시키고 해마의 체적까지도 키울 수 있다!

⚲ 기본전략 ① ▶ **40대 이후의 뇌 활성화 방법**

불과 20~30년 전만 해도 뇌는 성장하지 않고 뇌 기능은 점점 퇴화할 뿐이라고 철석같이 믿었다. 앞에서 밝혔듯 이는 잘못된 생각이다. 최근 뇌과학이 밝혀낸 또 하나의 오류는 뇌의 기능은 신경세포 수와 비례한다는 사실이다. 사실 그보다는 신경 시냅스의 결합수와 훨씬 관련이 깊다.

신경과 신경은 네트워크를 구성하고 있는데 그 접합부를 시냅스라고 한다. 하나의 신경세포는 수천 개의 시냅스에 의해 다른 신경세포와 연결되어 있다. 어마어마하게 치밀한 네트워크다.

그런데 뇌를 단련하면 마흔이 아니라 쉰이 넘어서도 시냅스의 결합수를 계속 늘릴 수 있다. 시냅스의 결합수가 늘어난다는 것은 시냅스의 밀도가 높아진다는 것이고, 신경세포 간의 연결 강도가 강해진다는 의미가 된다.

노화에 따른 기억력 저하엔 엄청난 개인차가 존재한다. 고령자 중에는 젊었을 때의 기억력을 그대로 유지하고 있는 사람도 있다는 것이 그 증거다. 뇌를 위해 아무런 노력도 하지 않으면 뇌가 노화되고 기억력이 감퇴되지만, 반대로 뇌를 잘 이용해 신경세포와 시냅스의 결합수를 늘리면 언제까지나 생생한 상태의 뇌를 유지할 수 있다.

최신 뇌과학이 내린 결론은 뇌의 퇴화를 막고, 지금보다 기억력을 향상시키고, 치매까지 예방할 수 있는 방법이 분명히 존재한다는 것이다.

🔑 기본전략 ② ▶ '어른의 능력'으로 승부하라

　노화가 진행되면 체력뿐만 아니라 뇌 기능이 전체적으로 저하된다고 생각하는 사람이 많겠지만, 그건 사실이 아니다. 나이가 들면서 서서히 감퇴하는 능력이 있는가 하면, 나이와 상관없이 계속 성장하는 능력도 있다.

　장기의 명인 '하부 요시하루'는 자신의 저서 《대국관大局観-자신과 싸워서 지지 않는 마음》에서 이런 말을 남겼다.

　'수를 읽는 힘이나 체력은 젊은 기사가 한 수 위일 것이다. 하지만 '대국관'을 사용하면 '어찌하면 수에 얽매이지 않을 수 있을까'란 마음이 된다. 장기에서 말하는 '대국관'은 나이가 들수록 강해지고 또 진보한다.'

　대국관이란 경험치가 축적되면서 키워지는, 전체를 꿰뚫어보는 힘을 말한다. 아무 활동도 하지 않으면 나이가 듦에 따라 새로운 것을 학습하는 능력이나 주의력, 집중력이 점점 쇠퇴한다. 하지만 사물의 전체상을 살피고 파악하는 힘, 생각을 정리하고 재구성하는 능력 등은 나이가 들면서 점점 성장한다. 저장된 데이터베이스가 늘어나기 때문이다.

　특히 요약하고 정리하는 능력, 전체를 바라보는 능력, 서로 관련짓는 능력 등은 나이와 비례해 성장한다. 나이가 들수록 성장하는 '어른의 능력'에 대해서는 그다지 많이 알려져 있지 않다. 이런 능력을 활용하면 나이와 함께 쇠퇴하는 능력을 보완하고, 젊은이들을 능가하

는 업무술을 발휘할 수 있다.

중장년층이 젊은이들과 경쟁할 때 젊은이들의 장점인 '기억력'으로 승부해야겠는가, 그들에게 부족한 '정리, 요약 능력'으로 승부해야겠는가?

성적이 올라가고 시험에 합격한다

아직도 '나쁜 머리'를 탓하고 있는가?

'내 머리가 좋았더라면 인생이 달라졌을 텐데.'

'아이의 머리가 조금 더 좋았다면 일류 대학에 들어갔을 텐데.'

살면서 한 번쯤 이런 생각을 안 해본 사람은 드물 것이다. 유치원, 초등학교부터 시작해 중학교, 고등학교, 대학교까지 시험은 끊임없이 계속된다. 학교를 졸업해도 취직시험에 자격시험, 외국어시험, 승진시험이 끝도 없이 따라다닌다.

시험의 합격 여부가 평생을 좌우한다고 해도 과언이 아니다. 일류 대학을 졸업하고 일류회사에 취직하는 것이 사회적인 성공이라고 믿는 우리나라에서 시험의 관문을 통과하기 위해 반드시 필요한 것이 '기억력'이다.

우리 사회에는 '학교 성적이 좋은 사람 = 머리가 좋은 사람 = 기억력이 좋은 사람'이라는 인식이 퍼져 있다. 많은 사람들이 '성공하려면 명석한 두뇌와 기억력을 타고나야 된다거나, 머리가 나쁘게 태어났으면 어쩔 수 없다'는 고정관념에 사로잡혀 있지만, 그건 완전히 잘못된 생각이다.

기억은 사전 준비가 90퍼센트다

"난 기억력이 나빠." "내 머리는 좋지 않아."

사실 이런 말을 하는 사람들 대부분은 기억력과 상관이 없다. 오히려 사전에 준비하는 방법에 문제가 있을 가능성이 크다. 기억은 다음의 4단계를 거쳐 머릿속에 저장된다.

즉 1단계 이해, 2단계 정리, 3단계 기억, 4단계 반복이다.

자신의 기억력이 나쁘다고 생각하는 사람들은 1, 2단계, 즉 '이해'와 '정리'의 과정을 소홀히 하는 경향이 있다. 사실 이 과정은 3단계 '기억'보다 더 중요할 수 있다. 인간의 뇌는 '이해'를 통해 사물을 기억한다. 다른 사람에게 설명할 수 있을 정도로 이해한다면 오랫동안 잊어버리지 않을 수 있다.

또한 그것을 '정리'해 다른 사물과 관련지을 수 있다면 더욱 더 오래 기억할 수 있다. 기억은 분류나 비교를 좋아하기 때문이다. 단순히 그림이나 도표로 정리하기만 해도 기억력은 급속히 상승한다.

학교 성적이 좋은 아이는 기억력이 좋은 것처럼 보이지만, 사실은 그 이상으로 이해력이나 정리, 요약 능력이 뛰어나다. 따라서 시험 성적은 '기억하기'의 전 단계에서 이미 판가름 난 것이다. 뒤집어 말하면 설령 기억력이 나쁘더라도 이해력이나 정리, 요약 능력으로 충분히 보완할 수 있다는 의미다.

'기억' 그 자체에 시간을 들이기보다는 사전 준비로서의 '이해'와 '정리'에 시간을 투자한다면 기억력이 나쁜 사람도 오랫동안 확실히 기억할 수 있다.

🔑 기본전략 ❶ ▸ '기억력 외 기억법'을 사용하라

기억력이 나빠서 아무리 공부해도 성적이 오르지 않는다는 것은 두 가지 점에서 잘못된 이야기다.

첫째, 기억력은 태어날 때 정해지는 것이 아니라 평생을 걸쳐 좋아질 수 있다. 둘째, 시험에 필요한 능력은 기억력뿐만이 아니다.

머리가 좋다는 말을 듣는 학생들은 예외 없이 집중력이 높고, 요점을 정리하는 능력이 뛰어나며, 두뇌 회전이 빠르다. 하지만 그런 능력들은 기억력, 정확하게 말해 '장기기억'과는 아무런 관계가 없다.

주의력, 집중력, 정리와 요약 능력을 높이고 두뇌 회전을 빠르게 하면 기억력이 나쁘다는 단점을 얼마든지 보완할 수 있다. 당연히 기억력이 나빠도 시험 성적을 올릴 수 있다. 필자는 이것을 '기억력 외 기억법'이라고 부른다.

'기억력 외 기억법'을 사용하면 타고난 기억력에 의존하지 않고도 성적이 올라가는 꿈같은 일이 가능해진다. 사실은 머리가 좋은 학생일수록 '기억력 외 기억법'을 능숙하게 구사한다. 특히 기억하기 전에 미리 준비하는 '사전 준비 기억법'을 실천한다고 할 수 있다.

'기억력 외 기억법'과 '사전 준비 기억법'에 대해서는 뒤에서 자세히 설명하겠다.

🔑기본전략 ❷▶ 잘못된 기억법을 당장 멈춰라

수험생이든 사회인이든 만족스러운 결과를 내지 못하는 사람들은 잘못된 기억법이나 공부법을 실천하고 있는 경우가 많다. 그중 가장 잘못된 것으로 '밤샘공부'를 들 수 있다.

기억이 정착되려면 6시간 이상의 수면이 필요하다. 시험 전날 밤새 공부한다 해도 시험이 끝나는 순간 머릿속에 든 것이 다 사라져버린다. 이런 식이면 시험 때마다 필사적으로 공부를 한들 머릿속에 쌓이는 것은 하나도 없다.

게다가 수면시간을 줄이면 다음날 집중력이나 작업효율이 떨어진다. 그런 상태로 시험을 본다면 며칠 전부터 암기했던 내용마저 생각이 안 날 게 뻔하다. 수면 시간을 줄여 공부하는 것보다 충분한 수면을 취하는 편이 집중력과 기억력이란 측면에서 유리하다는 사실은 많은 연구들이 뒷받침하고 있다.

이렇게 뇌의 활동성을 떨어뜨릴 것이 분명한 공부법을 멈추기만 해도 '뇌력'을 상승시킬 수 있다. 자신의 공부습관이나 시험 전의 시간 활용을 점검하고, 뇌과학을 활용한 기억법을 실천하라. 뇌력을 상승시키는 '베스트 퍼포먼스 기억법'에 대해서는 뒤에서 자세히 설명하겠다.

자기성장이 맹렬히 가속화 된다

인간은 입력 정보의 99퍼센트를 망각한다

책도 많이 읽고 강연이나 세미나 등에 부지런히 참석하는데도 불구하고 자신이 성장하고 있다는 느낌이 전혀 들지 않는다는 사람이 많을 것이다. 책을 읽어도 세미나를 들어도 몇 달 후면 머릿속에서 깡그리 사라져버린다.

결론부터 말하면 그것은 기억력 탓이 아니다. 인간은 입력된 정보의 99%를 잊어버리게 되어 있다. 무엇을 배우고 익혀도 아무 활동을 하지 않으면 하나둘씩 잊어버리기 마련이다. 그러니까 여러분의 뇌는 완벽하게 정상이라 할 수 있다.

'난 왜 이렇게 잘 잊어버리지?'라는 고민을 하는 사람은 당신뿐만이 아니다. 모든 사람들이 다 마찬가지다. 예를 들어 1년 전 오늘 날짜의 점심 메뉴를 기억하는 것은 불가능하지만, 만약 그날이 자신의 생일이었다면 얘기는 달라진다.

뇌는 중요하다고 판단한 것만 기억한다

헤르만 에빙하우스의 실험에 따르면, 인간은 관련성이 희박한 일은 한 달 만에 79퍼센트나 잊어버린다고 한다. 인간의 뇌는 중요한 것만 기억하도록 만들어졌다. 즉 중요하지 않은 것은 전부 잊어버리게 되어 있다. 그렇지 않다면 뇌는 폭발해버릴지도 모른다.

우리가 매일 접하는 방대한 정보 속에서 '중요한 것'은 1퍼센트도 안 된다. 이 말을 거꾸로 하면 '입력된 정보가 중요하다'고 뇌에게 알려주기만 하면 기억이 된다는 말이다. 뇌가 '중요하다'고 판단하는 기준은 단 두 가지다. '몇 번이나 사용되었나' 그리고 '감정이 움직였나'이다.

머릿속에 들어온 정보는 약 2주 동안(최대 4주) 해마라고 불리는 뇌 속의 '기억 임시보관소'에 예치된다. 그 기간 동안 여러 차례 그 정보에 접근하게 되면, 해마는 '이건 중요한 정보군, 잊어버리면 안 되겠는데'라고 판단해 그 정보를 '장기기억 보관소'인 측두엽으로 이동시킨다.

또한 인간은 격렬한 감정 변화를 동반하는 사건은 잘 잊어버리지 않는다. 감정이 움직이고 있는 동안, 기억력을 증강시키는 뇌내물질이 분비되기 때문이다. 감정을 조절해 기억에 남기는 노하우는 4장에서 소개할 예정이다.

뇌에게 어떤 정보가 '중요하다'고 알려주는 방법은, 머리를 싸매고 필사적으로 암기하는 것이 아니다. 더 쉽고 더 즐겁게 머리에 남길 수 있는 방법이 있다.

🔑기본전략 ❶ ▶ 일주일 내 3번 아웃풋 하라!

기억이란 '인풋'이라 생각하는 사람들이 많다. 머릿속에 정보나 지식을 '채워 넣는다'라는 의미일 텐데, 그에 필요한 노력이나 정신적

에너지는 대단하다. 하지만 특별히 암기하거나 외우지 않고 그냥 '아 웃풋'만 해도 정보는 자연스럽게 머릿속에 남는다.

아웃풋이란 입력된 정보를 '사용하는 것'이다. 즉 남에게 말하거나 문장으로 쓰는 것을 말한다. 그러면 왜 아웃풋을 하면 기억에 잘 남을 까? 몇 번이나 반복해서 사용되는 정보는 해마가 '중요하다'고 판단 해 장기기억으로 보관하기 때문이다.

구체적으로는 정리해보자. 정보 입력 후, 1주일 이내에 3번을 아웃 풋하면 그 정보는 높은 확률로 기억 속에 남는다. 그리고 무엇보다 인 풋은 괴롭지만 아웃풋은 즐겁다. 억지로 외울 필요 없이 즐겁게 기억 에 남기는 것이 바로 '외우지 않는 기억법'이다.

기본전략 ❷ ▶ 인풋과 아웃풋을 반복하라!

나는 인터넷과 SNS를 이용해 스터디모임을 운영하고 있다. 모임을 시작한 지 6년이 지났고 지금까지 총 600명 이상이 참가했다. 나는 그 들과 교류하면서 '성공하는 사람'과 '좀처럼 성공하지 못하는 사람'의 차이에 대한 방대한 데이터를 수집할 수 있었다.

책을 읽고 강연이나 세미나에 참석해도 자기성장으로 이어진다는 느낌이 들지 않는다는, 다시 말해 좀처럼 성공하지 못하는 사람들은 공통점을 갖고 있었다. 바로 인풋과 아웃풋의 불균형이다. 단정적으 로 말하자면 '인풋에 비해 아웃풋이 적다'는 말이다.

100권의 책을 읽어도 아무 소용이 없다. '사용하지 않으면 정보는 머릿속에서 사라진다'는 것이 기억의 대원칙이다. 책을 읽어도 그 내용을 아웃풋 하지 않으면 99퍼센트는 잊어버린다. 그러니 자기성장으로 이어질 리가 없다.

그렇다면 어떻게 해야 할까? 먼저 '인풋'을 한다. 정보를 얻고 책을 읽고 다른 사람의 이야기를 듣는 것들이 인풋이다. 다음 반드시 '아웃풋'을 해야 한다. 즉 '말하기, 쓰기, 가르쳐주기, 실천하기'와 같은 행동이다. 이렇게 인풋과 아웃풋을 반복하면 마치 나선형의 계단을 오르는 것처럼 자기성장의 계단을 올라갈 수 있다.

작은 아웃풋들이 이어져 여러분의 행동과 습관은 조금씩 변해간다. 그런 변화가 하나하나 쌓이게 되면 마침내 큰 변화가 일어나고 큰 성장으로 이어진다. 내가 스터디모임에 참여한 600명에게 알려주었던 궁극의 성공 법칙이 바로 '성장의 나선계단 이론'이다.

충분한 아웃풋은 기억뿐 아니라 자기성장도 가속화시킨다. 그 방법에 대해서는 앞으로 찬찬히 설명하겠다.

🔍 **기본전략 ❸** '기억'하지 말고 '기록'하라!

인간은 입력된 정보의 99퍼센트를 잊어버린다고 했다.

정보를 아웃풋 하는 방법을 쓰더라도 모든 정보를 기억할 수는 없는 법이다. 하지만 이런 망각을 완벽하게 막을 수 있는 방법이 있다. 기억을 소재로 한 영화 중 가장 뛰어나면서 흥미진진한 것이 크리스토퍼 놀란 감독의 '메멘토'다.

주인공 레너드는 괴한의 습격으로 아내를 잃고, 그 충격으로 단기 기억상실증에 걸리게 된다. 레너드는 아내의 복수를 위해 범인을 찾아다니지만 기억은 단 10분밖에 유지되지 않는다. 기억력을 상실한 주인공이 선택한 행동은 무엇이었을까? 바로 '기록'이다.

그는 모든 것을 기록했다. 메모를 하고 폴라로이드 카메라로 촬영하고 중요한 사실은 자신의 몸에 문신으로 새겼다. 이렇게 기록은 망각에 대한 최강의 억제력을 발휘한다. 기록하기는 노트, 메모장, 포스트잇, SNS 등 다양한 방법과 매체를 활용할 수 있다. 그러면 필자가 실천하는 기록 활용법에 대해 소개하겠다.

🔑 기본전략 ❹ ▸ 소셜 미디어를 활용하라!

인풋한 정보를 1주일 안에 3번 이상 아웃풋 하는 것은 생각만큼 쉽지 않다. 책이나 영화를 본 후의 생각이나 감상 등을 노트에 정리하기란 무척 귀찮은 일이라서 그런 일을 몇 년 동안 계속하기란 사실상 불가능하다.

그러면 어떻게 해야 할까? 소셜 미디어를 활용하면 된다.

페이스북이나 블로그에 책을 읽고 난 후의 감상, 영화를 본 느낌, 매일매일 떠오른 생각에 대해 몇 줄 쓰는 것은 부담이 없다. '좋은 책 소개해줘서 고마워요'라는 댓글이 달리면 의욕이 생긴다. 혼자서 아웃풋 하는 방식으로 의욕을 유지하기는 어렵지만, 소셜 미디어를 활용하면 즐거우면서 보람도 있다. 힘들이지 않고 아웃풋을 계속 이어

나갈 수 있다는 뜻이다.

소셜 기억법에 대해서는 5장에서 자세히 설명하겠다.

📍기본전략 ⑤ ▶ **뇌의 메모리를 확보하라!**

뇌 속에는 뇌의 '작업 공간'이 있다. 작업 공간이란 단기기억, 혹은 '뇌 메모리'라고도 표현할 수 있다. '뇌 메모리'는 생각하고, 판단하고, 기억하고, 학습하는 데 매우 중요한 역할을 하지만 제대로 활용하지 않으면 과부하를 일으켜 작업이나 학습 효율을 떨어뜨릴 수 있다.

거꾸로 말하면 뇌 메모리를 잘 활용하면 공부든 일이든 지금보다 잘할 수 있게 된다는 것이다. 뇌 메모리를 해방시킴으로써 작업효율을 올리고 그 결과 자기성장을 가속화하는 '뇌 메모리 해방 업무술'에 대해서는 6장에서 자세히 소개하겠다.

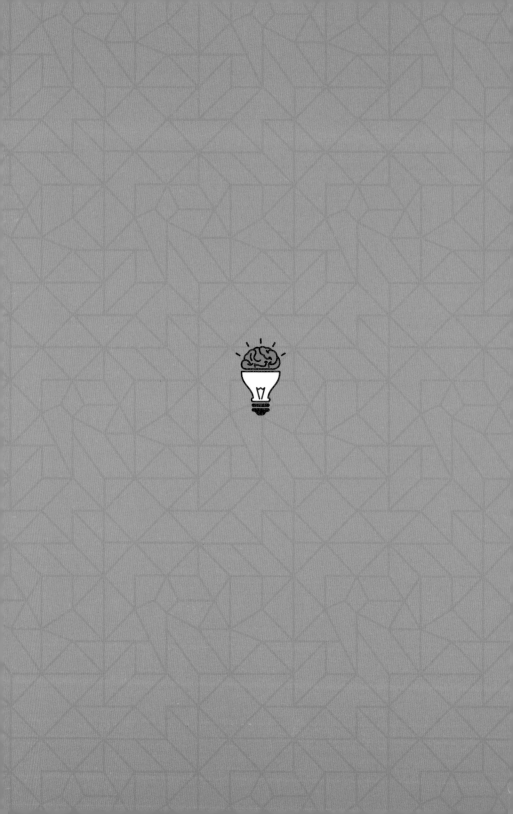

뇌과학이 증명한 최강 '아웃풋 기억법'

: 글쓰기 기억법 & 스토리화 기억법 :

미국 퍼듀 대학의 카픽 박사는 대학생들을 대상으로 스와힐리어 단어 40개를 암기하는 실험을 했다. 학생들을 2개 그룹으로 나눠, 한 그룹은 40개 단어 전체를 테스트하고 다른 그룹은 틀린 단어만 테스트하게 해서 학생 모두가 만점을 받을 때까지 반복한 것이다. 그리고 일주일 후 단어를 얼마나 기억하고 있는지 조사했다.

그 결과, 틀린 단어만 테스트한 그룹에 비해 40개 단어 전체를 테스트한 그룹이 2배 이상 높은 점수를 얻었다. 연구에 따르면 2개 그룹 간에 학습방법(인풋)엔 별 차이가 없었다고 한다. 카픽 박사의 연구를 통해 '기억에는 인풋보다 아웃풋이 더 중요하다'는 사실이 분명해진 것이다.

여러 번 반복해서 글을 쓰거나, 테스트나 시험에서 그 지식을 활용하면 뇌는 '이것은 중요한 지식이군'이라 생각하게 된다. 중요하다고 인식된 지식은 측두엽으로 옮겨져 장기기억으로 정착된다. 반면 중요하지 않은 지식은 하나둘씩 기억에서 사라진다.

따라서 기억에 남기고 싶다면 여러 번 아웃풋 함으로써 그것이 중요하다는 것을 뇌에게 알려주면 된다. 그렇게 아웃풋 한 내용은 머릿속에 단단히 정착된다. 이것이 바로 기억의 대원칙이다. 이 장에서는 아웃풋을 이용한 '글쓰기 기억법'과 '스토리화 기억법'을 중점적으로 설명하겠다.

글쓰기 기억법 ❶
외우지 말고 풀어라

문제집을 푸는 것은 최고의 아웃풋이다

우리는 이제 '암기'보다 '문제 풀기'가 더 기억에 잘 남는다는 사실을 알았다. 공부에 대입해보면 교과서나 참고서를 여러 번 읽기보다 '문제집'을 푸는 편이 효과적이라는 말이다. 그 지식을 '사용했기' 때문이다.

반복해서 읽는 '복창'도 기억하는 데 효과가 있지만, 그보다는 문제를 풀며 실천적으로 사용할 때, 뇌는 그 정보가 중요한 지식이라고 판단한다.

문제집을 푸는 것이 외운 것을 기억하고 있는지 확인하는 행위라 생각하는 사람이 많지만, 사실은 문제를 푸는 행위 자체가 '암기'에 기여하고 있는 셈이다.

완벽하게 이해와 암기를 끝낸 다음 문제집을 푸는 것보다, 문제집을 풀면서 이해하고 암기하는 편이 효율적이다.

문제집을 게임으로 바꾸는 방법

필자는 문제집을 풀 때 문제의 번호 옆에 '×, ×, ○, ○'와 같이 '대전 성적'을 표시한다. 첫 번째, 두 번째 풀었을 때는 오답이었는데 세 번째, 네 번째는 정답을 맞췄다는 표시다.

이렇게 기록해두면 각 문제에 대한 습득 정도를 알 수 있고, 마치 게임을 하는 것처럼 흥미롭다. 대전 성적이 4연승이 되었다면 거의 암기했다고 할 수 있다.

'오늘은 이 페이지의 문제를 전부 맞추겠다'와 같이 목표를 정하면 학습 동기도 올라가고 즐겁게 공부할 수 있다.

앞에서도 잠깐 말했듯이 희로애락의 감정이 생기면 뇌 속에서 기억증강 물질이 분비된다. 즉 '즐겁다'란 느낌을 가지면 더 잘 기억된다는 뜻이다.

이렇게 '게임화' 하는 것으로 기억 효과를 높일 수 있다.

잊어버리기 전에 메모하기

메모는 복습 1회와 맞먹는다

"요즘 건망증이 심해졌어요. 혹시 치매는 아닐까요?" 정신의학과 의사들이 자주 접하는 질문이다. 사실 치매검사를 해도, 가벼운 정도의 치매는 진단하기가 어렵다. 그럴 경우 일단 '잊어버리지 않도록 무엇이든 메모하세요'라는 조언을 해준다. 한 달 후 내원한 환자가 '메모 덕분에 건망증이 줄었다'고 말한다면 치매가 아닐 가능성이 크다.

메모를 하면 건망증이 줄어든다. 기억력이 점점 감퇴해가는 고령자라 해도 '망각'을 멈추게 할 수 있다. 기억력이 좋은 젊은 층도 메모의 효과를 잘 활용하면 기억의 효율을 높일 수 있다.

나는 '책을 읽으면서 여백의 공간에 마음껏 메모하자'란 제안을 한 적이 있다. 실제로 해보면 알겠지만, 하지 않았을 때보다 훨씬 많은 내용을 기억할 수 있다. 메모를 하면 잘 잊어버리지 않는 이유는 뭘까? 다음의 3가지로 정리된다.

(1) 메모는 복습 한 번과 맞먹는다.
(2) 메모도 아웃풋이다. 운동신경을 자극해 기억을 강화한다.
(3) 메모는 '기억의 색인'을 만든다.

메모하기 자체가 아웃풋이 되고 복습하는 효과도 있다. 수첩이나 다이어리에 메모해두면, 나중에 그것을 펼칠 때마다 메모를 확인하면서 복습할 수 있다. 메모하지 않았으면 잊어버렸을 정보에 몇 번이나 접근하는 것이다.

'1주일에 3번 복습하면 잊어버리지 않는다'란 기억의 법칙이 있는데 메모 1회가 복습 3회에 해당한다. 메모만 해도 기억에 남는다. 잊어버리면 안 되는 것은 무엇이든 메모하는 습관을 들이도록 하자.

종이? 앱? 가장 효율적 메모 도구 찾기

종이와 디지털, 메모는 어디에 하는 것이 효율적인지 생각해보자. 나는 '항상 가지고 다닐 수 있고, 그 자리에서 바로 꺼내 쓸 수 있는 것'이라면 뭐든지 상관없다고 생각한다. 현대인들이 항상 손에서 놓지 않는 스마트폰도 좋다.

나는 늘 노트북 앞에 앉아 있으므로 컴퓨터의 메모장 앱을 사용한다. 모니터 화면에 메모 공간을 띄워놓고 자유롭게 글을 쓴다. 즉 메모하는 데 1초밖에 걸리지 않는다는 뜻이다. 모니터에 메모장이 여러 개 열려 있으면 주의가 분산되니까 화면의 오른쪽 윗부분에 하나만 띄워놓고 모든 메모는 거기에 한다.

노트북을 켤 때마다 자연스럽게 메모가 눈에 들어오기 때문에 복습 효과도 얻을 수 있다. 시간이 날 때는 메모장을 정리해 완료된 안건은 지워버린다. 오랫동안 보존하고 싶은 아이디어는 다른 파일에 복사해두거나 노트에 옮겨 적는다. 이렇게 메모를 재검토하고 정리하는 과정은 매우 중요하다. '순간적으로 떠오른 소소한 생각'이 '깊이 있고 중요한 아이디어'로 바뀌는 경우도 있다.

오늘 중으로 처리해야 할 안건인 경우에만 종이로 된 메모지를 활용한다. 책상 위에 붙여놓고, 그날 안에 처리한 다음 찢어버리는 것이다. 책상 위에 종이 메모지가 덕지덕지 붙어 있으면 주의가 산만해지고 작업 효율이 떨어진다. 여러 날이 소요되거나, 며칠 후에 확인해야 되는 아이디어는 디지털 메모장에 쓰도록 한다.

글쓰기 기억법 ❸
기억의 색인 만들기

기억의 본체는 살아 있다

메모하면 잘 잊지 않게 되는 세 번째 이유, '기억의 색인' 효과에 대해 생각해보자. 솔직히 말해 나는 환자의 이름을 잘 외우지 못한다. 하지만 환자가 진료실에 들어오는 순간, 진료 기록을 펼쳐보지 않아도 환자의 병명, 최근의 증상, 게다가 현재 어떤 약을 몇 그램 처방 중인지까지 떠올릴 수 있다.

이름도 외우지 못하면서 어떻게 약의 용량까지 기억하는지 의아하겠지만, 이것이 바로 '기억의 법칙'이다. 기억에는 '기억의 색인'과 '기억의 본체'가 있다. 예를 들자면 환자의 이름이 '기억의 색인'이고, 환자의 병력이나 처방 이력이 '기억의 본체'다.

'기억의 본체'는 머릿속에서 쉽게 사라지지 않지만, '기억의 색인'은 나이가 들수록 쉽게 잊어버린다. 여러분도 자주 겪는 일일 것이다. 지난주에 만난 A의 이름이 도무지 기억나지 않는다. A의 얼굴도 생각나고 대화의 내용도 생각나는데 유독 이름만 기억나지 않는다.

기억을 분류하는 여러 가지 방법 중 하나가 '의미 기억'과 '에피소드 기억'이다. '의미 기억'은 정보와 지식에 관한 기억인데 잘 외워지지 않고 금방 잊어버린다. '에피소드 기억'은 사건, 경험, 체험, 추억에 관한 기억으로 외우기 쉽고 잘 잊어버리지 않는다는 특징이 있다.

환자의 이름은 '의미 기억'이고 환자가 들려준 이야기는 '에피소드 기억'이므로, 환자의 이름은 생각나지 않아도 증상과 처방은 잘 기억하는 것이다.

기억의 색인 강화하는 방법

'기억의 본체'는 무리하지 않아도 쉽게 외워지므로 '기억의 색인'을 강화하면 건망증을 막을 수 있다. '기억의 색인'을 머릿속에 바로 떠올리게 만드는 방법은 이미 앞에서 여러 번 강조한 '글쓰기'와 '아웃풋 하기'다.

탁상용 달력에 '2월 5일 저녁 7시, A와 식사'라는 메모를 해놓으면 A의 이름이 확실하게 기억에 남는다. 혹은 A를 만났을 때 찍은 사진을 페이스북에 올리면 머릿속에 강렬하게 남게 된다. 이렇게 메모는 '기억의 색인'에 대한 인상을 강하게 만드는 효과가 있다. 기억의 본체로 이어지는 힌트 몇 개만 쓰여 있어도 본체에 관한 세세한 내용이 떠오른다. '12월 10일 오후 3시, B와 미팅'이라고만 써놓아도 그날 B와 어떤 얘기를 나누었는지 바로 기억할 수 있다.

기억의 색인이 될 만한 키워드를 메모장, 수첩, 노트, 포스트잇, 책장의 여백 등에 메모해두는 것은 기억을 인출하기 좋은 상태로 만드는 행동이다. 이는 메모하기 스킬과 비슷하지만 '기억의 색인이 되도록 메모해두자'고 생각하는 것만으로도 더 확실히 머릿속에 남길 수 있다.

'치매'와 '정상적 노화'의 간단한 구분법

기억의 색인과 본체에 대한 개념만 알면, 정신과 의사가 아니더라도 '치매'와 '노화에 따른 건망증'을 구별할 수 있다.

예를 들어 누가 "어제 점심 뭐 먹었어?"라고 물으면 금방 생각이 안 날 때가 있다. 그때 다른 누군가가 "길 건너 식당에서 먹었다며?"라고 힌트를 주면 '아, 맞아. 비빔밥을 먹었지'라고 생각이 날 것이다. 그래도 생각이 나지 않더라도 "비빔밥 먹지 않았어?"라는 말을 들으면 곧바로 기억이 날 것이다.

이때 비빔밥을 먹은 기억 자체가 없다면 치매일 가능성이 높다. '기억의 본체'가 상실되었기 때문이다. '어제 먹은 점심'이 기억의 색인이고, '비빔밥'이 기억의 본체다. 자연스러운 노화라면 색인과 본체가 연결되는 과정에서 장애가 발생할 수 있지만, 본체 그 자체에 장애가 생기지는 않는다. 언제든지 힌트만 얻으면 '아, 맞다!' 하고 기억을 떠올릴 수 있다.

치매란 '기억의 본체', 즉 에피소드가 하나둘 사라져가는 상태(병적인 기억장애)다. 가족 중 누군가가 이런 증상을 보인다면 정신의학과에서 상담을 받아야 할 것이다.

글쓰기 기억법 ❹

마구 쓰기 기억법

쓰고, 쓰고, 또 써라

지하철을 타면 색색 형광펜으로 표시해 놓은 교과서의 문구나 단어를 열심히 외우는 학생들이 눈에 띈다. 지하철 안에서 복습할 때는 그렇게 눈으로 공부할 수밖에 없지만, 집에서 공부할 때는 쓰기를 병행하는 것이 좋다.

'글쓰기'는 운동신경을 이용해 손과 손가락의 근육을 움직이는 행동이다. 뇌 속에 있던 데이터가 '행동'에 영향을 미치는 것이다. '행동에 영향을 미치지 않는 데이터'와 '행동에 영향을 미치는 데이터', 뇌는 이 둘 중 어느 쪽이 더 중요하다고 판단할까? 당연히 전자다.

'아웃풋' 했다는 말은 그 자체로 '행동에 영향을 미쳤다'란 의미다.

아웃풋을 하면서 '글쓰기'라는 운동을 병행하면 머릿속에서 외우는 것보다 훨씬 큰 효과를 발휘한다. 무언가를 외우고 싶다면 그것을 쓰고, 쓰고, 또 쓰면 된다. '쓰기'가 '암기하기' 그 자체라고 생각해도 지나치지 않다.

글의 내용보다 타이밍이 중요하다

필자는 몇 년 전에 본 영화의 내용, 즉 대사와 세세한 장면들을 꽤 자세히 기억한다. 영화를 본 후, 감상이나 비평을 페이스북이나 메일 매거진에 올리기 때문이다.

그런데 사실은 그 전에 더 중요한 아웃풋을 한다. 노트에 마구 글을 쓰는 것이다. 영화를 본 직후에 그 영화의 인상, 느낌, 감동, 마음에 와 닿는 대사, 공감하는 주제 등, 머릿속에 떠오르는 거의 모든 것을 있는 대로 다 쓴다. 필자는 이것을 '마구 쓰기 기억법'이라 부른다.

여기서 중요한 포인트는 잊어버리기 전에 머릿속에 떠오르는 모든 것을 문자로 남긴다는 것이다. 글을 조리 있게 쓰기보다는 글을 쓰는 타이밍이 더 중요하다.

물론 모든 영화를 그렇게 할 수는 없지만 '나중에 영화 비평을 써야지'라는 생각이 드는 영화는 지체 없이 '마구 쓰기'를 한다. 극장 로비의 의자에 앉아 쓸 때도 있고 집으로 돌아가는 지하철 안에서 쓸 때도 있다.

영화 감상문을 쓰면서 알게 된 사실이 있는데, 2시간 분량의 영화도 A4 용지 2장으로 마무리된다는 것이다. 노트의 좌우 펼침면에 영화 한 편의 내용이 전부 들어가는 셈이다. 그것이 2시간짜리 영화에서 나의 뇌가 받아들일 수 있는 정보량의 한계일지도 모르겠다.

20분 후면 기억의 42%를 망각한다

독일의 심리학자 헤르만 에빙하우스의 기억 실험에 따르면, 기억하고 20분 후에 42퍼센트를 망각하고, 한 시간 후에는 56퍼센트, 하루가 지나면 74퍼센트를 잊어버린다고 한다. 기억은 시간과 함께 급속도로 사라진다. 이것을 방지하는 방법이 '복습'이다.

에빙하우스의 실험에 대입하면 필자가 영화를 본 직후가 그 영화에 대해 기억하는 정보량이 가장 많은 시점이다. 따라서 영화를 보면 가능한 한 빠른 시간 안에 메모하는 것(복습하기)이 중요하다. 체험을 바로 기록함으로써 망각에 의한 상실을 막는 것이다.

가끔 영화 직후 다른 일정이 잡혀 있는 경우가 있다. 하룻밤이 지난 후 글을 쓰려면 끌어낼 수 있는 정보가 절반 이하로 떨어지고, 대부분의 대사는 정확하게 떠오르지 않는다. 그런데 체험 직후 '마구 쓰기'를 하면 그때의 느낌이나 감동이 글자로 바뀌어 생생하게 남게 된다. 일 년이 지난 시점에서도 그 글을 보면 30초 만에 그 영화의 감동과 함께 세세한 스토리가 떠오른다.

이 글들을 모아놓으면 영화를 다시 보지 않더라도 영화 비평이나 칼럼 한 편쯤은 뚝딱 써낼 수 있다. '마구 쓰기' 아웃풋은 자신의 기억

일부이며, 그 무엇과도 바꿀 수 없는 소중한 '지적 재산'이다.

체험 직후에 끄집어내는 아웃풋을 열 번, 백 번 반복하다 보면 영화를 관람하는 안목이 높아지고, 영화의 세세한 부분을 읽어내는 능력이 비약적으로 향상된다. 또한 영화를 본 직후에 필사적으로 떠올리기 작업을 하기에 기억력 훈련이 되기도 한다.

물론 이것이 영화에만 한정된 것은 아니다. 연극, 콘서트, 오페라, 강연, 여행 등 무엇에든 '감동'을 느꼈다면 곧바로 '마구 쓰기'를 통해 자신의 마음속 풍경을 사진 찍듯이 글자로 옮겨놓아야 한다.

글쓰기 기억법 ⑤

오감 활용 슈퍼 글쓰기

글쓰기 + 소리 내어 읽기

암기할 때는 오감을 활용하라는 말을 들어보았을 것이다.

우리의 감각을 오감으로 분류한 최초의 인물은 고대 그리스의 철학자 아리스토텔레스다. 그는 기원전 4세기에 이미 기억과 오감이 깊은 관계에 있음을 통찰했다.

영어 단어를 눈으로 읽는 것(묵독)만으로는 기억하기 어렵다. 소리 내어 읽거나 손으로 여러 번 쓰는 편이 낫다. '쓰기'에 '소리 내어 읽기'를 더하면, 기억력은 더욱 강화된다. 소리 내어 읽는 것이 더 좋은 이유는 자신의 목소리가 귀로 들어가기 때문이다. 시각과 청각이 동시에 작용하는 것이다.

뇌 훈련으로 유명한 도호쿠 대학의 가와시마 류타 교수는 '음독'에 따른 뇌 훈련 효과를 강조한다. 그는 소리 내어 읽기만 해도 대뇌의 좌우 반구에 있는 전두전야前頭前野를 포함한 많은 부분이 활성화된다는 것을 밝혀냈다.

소리를 내려면 운동신경이 턱, 혀, 입술 등의 근육을 움직여야 한다. 글씨를 쓰려면 운동신경이 손과 손가락, 팔의 근육을 움직여야 한다. 신경을 움직이기 위해 뇌의 여러 부위가 활성화되므로 기억력이 상승될 수밖에 없다.

머릿속으로 사물을 떠올리는 것만으로는 뇌의 '운동피질'이 활성화하지 않는다. 쓰기, 말하기와 같이 근육을 움직이는 행위는 뇌를 더 광범위하게 자극한다.

지하철에서도 할 수 있는 섀도 읽기, 섀도 쓰기

소리 내서 읽는 방법이 아무리 좋다 해도, 만원 버스나 지하철에서는 사용할 수가 없다. 그래서 필자는 '섀도 읽기'라는 방법을 쓴다. '섀도복싱'을 떠올려보면 쉽다. 상대가 앞에 있다고 상상하며 주먹을 날리거나 날아오는 펀치를 피하는 연습을 읽기에 적용한 것이기 때문이다.

'섀도 읽기'란 실제로 소리를 내지는 않지만 소리를 내듯이 입을 움직이면서 암기하는 방법이다. 또는 옆 사람에게 들릴락 말락 한 작은

소리로 암기하는 것이다. 실제로 음독하는 것처럼 근육을 움직인다는 것이 포인트다. 내 목소리를 들을 수 없으므로 '청각 피질'은 자극받기 어렵지만 뇌 운동을 담당하는 '운동 피질'이 자극을 받아 음독에 가까운 효과를 낼 수 있다.

나는 한 달에 수차례 강연이나 세미나를 여는데, 강연장으로 이동하는 지하철 안에서 꼭 하는 것이 있다. 그날 강연에서 사용할 슬라이드 자료를 확인하는 것이다. 슬라이드를 보면서 강연에서 해야 할 이야기를 '섀도 읽기' 방법으로 리허설 한다.

지하철로 이동하는 시간은 대개 30분이 넘으므로, 그날의 강연 내용을 전체적으로 복습할 수 있다. 강연이 2시간짜리든 3시간짜리든 '섀도 읽기'를 하면 그 내용이 전부 머릿속에 인풋 되기 때문에 실제로 강연을 할 때는 말이 술술 흘러나온다.

지하철 안에서 공부하는 학생을 가정해보자. 머리에 떠올리면서 동시에 펜으로 쓰는 것이 좋지만, 지하철 안에서 그러기가 쉽지 않다. 그럴 때는 '섀도 쓰기'를 하면 된다. 실제로 글을 쓸 때처럼 손가락을 펜 삼아 움직이면, '운동 피질'이 자극 받아 펜으로 직접 쓰는 것과 비슷한 효과를 얻을 수 있다.

복습 효과를 최대한 얻으려면 '소리 내어 읽기'와 '쓰기'를 병행하라. 장소나 상황이 여의치 않다면 '섀도 읽기'나 '섀도 쓰기'를 활용하라. 몸과 운동신경을 함께 사용하는 아웃풋은 기억의 효율을 증폭시켜준다.

어른들의 특기를 활용한 '스토리화' 기억법

중년이 청년을 이기는 기억 전략

'손자병법'에는 '적을 알고 나를 알면 백 번을 싸워도 지지 않는다'고 쓰여 있다. 싸우기 전에 상대방을 철저히 조사하고, 확실하게 유리한 상황을 만들 수 있다면 반드시 이긴다는 것이다. 반대로 상대보다 불리한 상황이라면 싸우지 말라고 한다.

그러면 이것을 '기억'에 응용하면 어떻게 될까? 나이가 들수록 쇠퇴해가는 '암기력'으로 젊은이들과 경쟁하는 것은 불리한 군세로 적진에 돌진하는 것과 같다. 40~50대가 젊은이들과 단순 암기로 승부를 겨룬다면 어느 쪽이 이길지 불을 보듯 뻔하다.

그렇다면 중장년이 가진 유리한 능력은 무엇일까? 바로 '스토리화' 능력이다. 오랜 세월 동안 쌓은 풍부한 지식과 경험을 살려 정보들을 관련지어 기억하는 것이다. '에피소드 기억'을 활용한 '스토리화 기억법'을 잘 활용한다면 암기가 특기인 젊은이들과 경쟁해도 당당히 이길 수 있다.

아이의 기억법 VS. 어른의 기억법

기억에는 '의미 기억'과 '에피소드 기억'이 있다고 했다.

'의미 기억'이란 정보나 지식을 말한다. 영어 단어나 구구단을 외우듯 단순 암기하는 것이다. 아이들은 서로 관련성이 없는 사물들이라도 마치 스펀지가 물을 빨아들이듯 맹렬한 속도로 암기한다. 아이들의 뇌는 '의미 기억' 능력을 발휘하는 힘이 뛰어나다. 이 능력은 초등학생 무렵 절정에 이르고, 성인이 되어 뇌 시스템이 완성된 이후로 서서히 감퇴한다.

나이가 들어도 쇠퇴하지 않고 오히려 강화될 수 있는 것이 '에피소드 기억'이다. 에피소드 기억이란 사건, 경험, 체험, 추억에 관한 것이다. 나이가 들면 사물을 종합적으로 보는 눈, 전체를 아우르는 능력, 요약하는 힘, 관련짓고 비교해 차이점이나 공통점을 파악하는 능력이 향상된다.

본래는 아무 관계도 없이 단순 암기해야 할 것들도 자신의 지식이나 체험, 경험과 관련지어 '스토리화'가 가능하다. 스토리화를 통해 강렬한 기억으로 머릿속에 남게 된다.

'의미 기억'은 기억하기는 어렵고 잊기는 쉽다. 반대로 '에피소드 기억'은 기억하기 쉽고 잊어버리지 않는다. '의미 기억'은 아이들에게 유리하고 '에피소드 기억'은 어른들에게 유리하다. 이것이 기억의 원칙이다. 그러면 구체적으로 어떻게 에피소드 기억을 활용할 수 있을까? 지금부터 그 방법을 알려주겠다.

'스토리화'의 기본은 이유를 이해하는 것

'의미 기억'과 '에피소드 기억'의 가장 큰 차이는 무엇일까?

의미 기억은 아무 관련 없는 일이나 사물에 대한 기억이고, 에피소드 기억은 서로 관련된 기억이다. '관련성'을 높일 수만 있다면 '의미 기억'을 '에피소드 기억'으로 전환할 수 있다는 얘기가 된다. 이 책에서는 그 작업을 '스토리화'라 부르겠다.

그러면 단편적인 지식이나 문자 배열을 어떤 식으로 스토리화 할 수 있을까? 가장 간단한 방법은 '이유'를 설명하는 것, 즉 인과관계를 만드는 작업이다.

잠시 이야기가 벗어나지만, 삼각형의 면적을 구하는 공식을 생각해보자.

'밑변×높이÷2'라는 것은 단순한 단어와 숫자의 나열이다. 그러니 이것을 암기하려면 머릿속에 새겨질 때까지 주문을 외우듯 몇 번이고 반복할 수밖에 없다. 의미가 없는 문자의 나열, 사물의 단편적인 기억이기 때문이다. 즉 외우기 어렵고 잊어버리기 쉬운 '의미 기억'이란 말이다.

그런데 여러분은 삼각형의 면적이 왜 '밑변×높이÷2'라는 공식으로 구해지는지 설명할 수 있는가? 먼저 종이 위에 삼각형을 그린 후, 그 삼각형의 한 변을 밑변으로 하고 꼭짓점을 높이로 하는 직사각형을 그려보라. 분리된 삼각형과 대칭되는 도형이 직사각형 안에 각각 나타나는 것이다. 즉 직사각형 안에 처음의 삼각형 두 개가 쏙 들어간다.

삼각형의 면적은 직사각형 면적의 절반인 '밑변×높이÷2'라는 공식으로 구할 수 있는 이유를 분명히 설명할 수 있다면, 공식 뒷면에 숨겨진 스토리를 이해했다고 볼 수 있다. 다른 사람에게 '이유'를 설명할 수 있는 단계가 되면 기억은 아무 관계없는 단어의 나열이 아니라 '에피소드'로 정리되어 뇌 속에 저장된다.

기억하기 위해서는 '이해'가 필요하고 '이해'를 해야 비로소 '설명'할 수 있다. 공식뿐만 아니라 법규나 매뉴얼 등 머릿속에 남기고 싶은 것이 있다면 먼저 자신에게 '왜 이렇게 되는 거지?'라는 질문을 던지고 그에 대해 스스로 답해보자.

이유가 없는 것, 이해되지 않는 것을 억지로 기억하려면 뇌가 반항하는 통에 좀처럼 외워지지 않는다. 이유를 이해하면 '스토리화' 할 수 있다. 외우려고 하지 않아도 자연스럽게 기억에 남게 된다.

뇌과학적으로 '말장난'은 훌륭한 기억법

임진왜란이 1592년에 일어났다는 것을 암기하려면 어떻게 해야 할까? '1592 임진왜란'을 백 번 반복해서 읽어도 잘 외워지지 않고, 외웠다 해도 금세 잊어버린다. 아무 관계가 없는 정보의 조합, 즉 의미 기억이란 이렇게 기억하기가 어렵다.

그래서 역사 연대표를 암기할 때 많이 쓰는 방법이 '말장난'이다.

'일오구이'를 '이러고 있을'로 외워보자. 전쟁이 났으니 '이러고 있을 때가 아니다'라고 생각하면 쉽게 외워질 것이다. '말장난'은 오래 전부터 활용되어온 기억법이지만, 뇌과학적으로 설명한다면 임의로 인과관계를 만들어냄으로써 '의미 기억'을 '에피소드 기억'으로 전환시키는 것이다.

스토리화 기억법 ❷
5W1H 단문 쓰기 기억법

5W1H를 이용한 단문 쓰기

내가 소설가도 아닌데 어떻게 스토리를 만들 수 있냐고 하는 사람들도 있을 것이다. 하지만 사실 어려운 일이 아니다. 스토리에 필요한 요소는 '5W1H'다. '언제when, 어디서where, 누가who, 무엇을what, 왜why, 어떻게how 했나?'의 6가지 요소를 전부 넣지 않더라도 좋다. 그중 몇 가지만 포함해도 훌륭한 스토리가 된다.

스토리화를 실습하고 싶다면, 오늘 있었던 일이나 배운 내용을 짧은 기사 형식으로 정리해 페이스북에 올려보자. 기사 형식으로 정리하다 보면 5W1H의 6가지 요소들이 꽤 많이 포함되어 스토리의 골격을 갖춘 문장이 될 것이다.

'어제 명동에서 개최된 위스키 이벤트에 다녀왔어요. 입장료 3만 원으로 100종류 이상의 위스키를 무료 시음할 수 있는 기회였죠. 참고로 저는 50종류의 위스키를 시음했어요. 걱정하지 않으셔도 됩니다. 5시간에 걸쳐 천천히 마셨으니까요. '위스키의 세계가 이렇게 깊고 다양하구나'를 느낀 기회였어요.'

짧은 문장 안에 5W1H의 요소가 거의 다 들어가 있다. 이렇게 짤막한 스토리를 사진과 함께 올리면 강렬하게 기억에 남게 된다. 페이스북에 글을 올리는 것은 '스토리화'뿐 아니라 '아웃풋'에도 해당된다. 아웃풋이 기억을 보강한다는 것은 이미 설명했다.

어떤 정보, 지식, 경험을 5W1H를 포함하는 단문으로 정리해 '아웃풋' 하면 '스토리화' 되어 기억에 남게 된다. 이것이 '5W1H 기억법'이다.

남에게 말하기만 해도 '스토리화' 된다

책을 읽어도 금세 내용을 잊어버린다면, 일단 누군가에게 그 감상을 이야기해보자. 친구도 좋고 가족도 좋고 직장동료도 좋다. 이런 간단한 방법으로 책의 내용을 기억한다는 것이 믿기지 않겠지만, 이 방법의 효과는 절대적이다.

앞에서 '1주일 안에 3번 아웃풋' 하면 기억이 향상된다고 했다. 누군가에게 이야기를 한다는 것은 그중 한 번의 아웃풋에 해당된다. 그런데 여기에는 또 하나의 중요한 이유가 숨겨져 있다. 바로 '스토리화'다.

누군가와 이야기를 한다는 것은 사건이며 경험이다. '친구에게 어떤 책을 읽고 감상평을 말했다'는 경험은 에피소드 기억이 되어 뇌에 저장된다. 그것만으로도 스토리가 되어 더 인상 깊게, 더 오랫동안 기억에 남는 것이다.

뭔가를 체험하면 누군가에게 그 감상을 이야기한다. 정말 간단한 아웃풋 방법 아닌가? 자신의 입에서 말이 나오는 순간, 단편적인 정보는 스토리가 되고 '에피소드 기억'으로 진화한다. 이 방법의 기억 효과는 절대적이다.

스토리화 기억법 ❸
일석사조의 효과, 가정교사 기억법

남에게 가르쳐주는 만큼 기억된다

나는 카페에서 작업할 때가 많다. 카페를 둘러보면 혼자서 조용히 공부하는 학생들도 있지만, 친구들끼리 서로 공부를 가르쳐주는 모습도 볼 수 있다. '공부 가르치기'는 공부법으로 보나, 기억법으로 보나 최고이자 최강이라 할 만큼 효과가 확실하다.

교과서를 읽고 문제집을 풀고 정답을 맞힌다. 드디어 '다 외웠다!'라고 생각했는데 "왜 그렇게 되는 건데?"라는 친구의 질문에 제대로 답하지 못했던 적이 있을 것이다. 이유를 설명할 수 없다는 것은 단순 암기('의미 기억'의 수준)에 그쳤다는 말이다. 그런 기억은 시간이 지나면 하나둘씩 사라져간다.

남에게 '알기 쉽게 설명할 수 있다'는 것은 머릿속에서 충분히 스토리화 되었음을 의미한다. 다시 말해 '의미 기억'이 '에피소드 기억'으로 변해 뇌리에 단단히 정착했다는 증거다.

상대를 이해시킬 수 있는 사람은 스스로 완벽한 이해에 도달한 것이다. 또 상대에게 가르치는 행위는 자신이 내용을 이해했는지 못했는지를 판단하는 기준도 된다.

심리 상담도 마찬가지다. 상담자가 아무 얘기를 해주지 않더라도, 자신의 이야기를 하는 과정에서 머릿속이 정리되고 스스로 문제 해결의 실마리를 찾을 수 있다. '말하기'라는 아웃풋은 '머릿속의 정리'라는 절대적 효과를 발휘한다.

기억에는 '이해', '정리', '기억', '반복'이라는 4가지 단계가 있다.

암기하기 전에 해야 할 일이 바로 '이해'와 '정리'다. 그런데 '남에게 가르쳐주기'만으로 '이해'와 '정리'가 동시에 해결된다. 또한 상대방에게 설명하는 것은 자신의 지식을 '복습'하고 '반복'하는 일도 된다. 그렇다면 '남에게 가르쳐주기'는 기억에 필요한 모든 단계를 포함하고 있다는 의미다.

'가정교사 기억법'은 '스토리화', '이해도의 확인', '지식의 정리', '복습과 반복'을 할 수 있는 일석사조의 슈퍼 기억법이다.

의사시험 전국 4위 대학의 비밀, 스터디모임 기억법

사법시험과 더불어 가장 힘들다고 알려진 국가고시가 '의사 고시'다. 그런데 이 시험을 효율적으로 돌파할 수 있는 보편적인 기억 노하우가 있다는 것이 믿겨지는가?

내가 재학하고 있을 당시, 삿포로 의과대학은 의사 국가고시 합격률 랭킹 3위에 들 정도로 우수한 학교였다. 최근에는 조금 순위가 떨어졌지만 1996년에서 2013년까지 18년간의 통산 합격률로 따져도 전국 80개 의과대학 중 4위를 유지하고 있다.

삿포르 의과대학의 입학생 성적 순위보다 훨씬 높은 수치다. 그 이유는 무엇일까? 바로 '국가고시 스터디모임'이다. 삿포르 의과대학생들은 본과 1학년 2학기가 되면 4~6명 정도가 모여 그룹을 만든 후, 주 2~3회 정도 함께 공부한다.

모임에서는 주로 국가고시 기출문제를 푼다. 나도 5명이 모여 스터디모임을 가졌는데, 각자 5문제씩 자신이 해설해야 할 문제를 받은 다음 다른 멤버들 앞에서 그 문제를 푸는 법에 대해 설명한다.

의사 국가고시에는 '증례症例 문제'라는 것이 있는데, 검사 데이터를 읽는 법이나 임상 소견을 종합적으로 파악하는 능력을 요구한다. 다시 말해 교과서를 그대로 암기하는 것만으로는 절대 풀 수가 없다.

'기억력'뿐만 아니라 의학적 지식에 근거한 '사고력'이 필요하다.

스터디모임의 멤버는 자신에게 배당된 문제를 예습하고 상대방이 이해하기 쉽도록 설명한다. 즉, 멤버끼리 가정교사가 되어 서로 가르쳐주는 것이 '국가고시 스터디모임'이다.

대단히 합리적인 이 시스템은 내가 학교를 다니던 25년 전보다 훨씬 이전에 만들어졌으며 지금도 여전히 이어져 오고 있으니 삿포로 대학의 전통이라 할 수 있겠다.

'남에게 가르쳐주기'가 기억을 단단히 굳힌다는 것은 실험에서도 증명되었다. 워싱턴 대학의 매우 흥미로운 연구를 소개하겠다. 피험자를 두 그룹으로 나눈 후, 한쪽 그룹에는 외운 정보를 테스트한다고 알리고, 나머지 한 그룹에겐 외운 정보를 다른 사람에게 가르쳐야 한다고 말했다. 하지만 실제로는 두 그룹 모두 외운 정보만 테스트하고, 다른 사람에게 가르치는 것은 실시하지 않았다. 그런데도 '다른 사람에게 가르쳐야 한다'고 생각한 피험자 쪽이 테스트에서 높은 성적을 나타냈다.

'남에게 가르쳐주기'라는 아웃풋을 전제로 공부하기만 해도 학습효율은 크게 향상된다. 국가시험이나 자격시험, 혹은 다른 시험을 준비할 경우는 이렇게 여러 명이 그룹을 만들어 서로 가르쳐주면 확실하게 기억에 남길 수 있다.

감각과 감정까지 기억하는 '언어화' 기억법

기억하기 어려운 것일수록 말로 표현하라

믿기지 않겠지만, 나는 10년 전에 먹은 수프카레(홋카이도 지방의 명물인 떠먹는 카레)의 맛을 기억한다. 그것도 200개가 넘는 식당의 다양한 메뉴 맛을 생생히 기억한다. 그때부터 지금까지 계속 영업하고 있는 가게도 있는데, 그 맛이 예전과 변함이 있는지 없는지, 또 변했다면 어떻게 변했는지도 알 수 있다.

10년 전에 먹은 음식 맛을, 그것도 수백 개를 기억한다는 것이 불가능하다고 생각하겠지만 '아웃풋 기억법'은 그것을 가능하게 해주는 슈퍼 기억법이다.

나는 1998년부터 2006년까지 '삿포로 매운맛 카레 비평'이라는 맛집 탐방 사이트를 운영했다. 수프카레 가게가 서서히 늘어나기 시작하던 2000년 무렵, 수프카레 정보가 실린 사이트는 필자가 운영하던 것이 유일했다.

즉 인터넷으로 수프카레에 관한 정보를 얻고자 한다면 필히 검색해야 되는 사이트였다. 글을 올리면 하루에 조회 수가 2,000을 넘으면서, 내가 소개한 가게 앞에 손님들이 줄을 서는 신기한 현상까지 생겼다. 나는 사이트를 운영하는 동안 총 253개 점포, 431종의 수프카레에 대한 기록을 남겼다. 이야기가 잠시 샛길로 빠졌는데 '맛'과 같이 기억 속에 남기기 매우 어려운 정보라 하더라도 자세하고 꼼꼼하게 문장으로 쓰는 '언어화'를 거치면 머릿속에 분명히 새겨둘 수 있다.

언어화를 하면 기억에 남는다는 원칙은 '맛'에만 국한된 것이 아니다. 정신의학 분야에서는 환자가 자신의 기분이나 감정, 생각 등을 말로 표현하는 것을 '언어화'라고 한다. 말로 표현하기만 해도 자신을 보다 객관적으로 볼 수 있고 문제의 해결법을 찾게 된다. '언어화'를 통해 서서히 치료되는 것이다.

오감이나 감정과 같이 기억하기 어려운 것일지라도 말이나 글자로 표현하라. '언어화' 하면 그것을 객관적으로 파악할 수 있게 되어 머릿속에 생생히 남길 수 있다.

소믈리에는 어떻게 1,000종 이상의 맛을 기억할까?

예전에 다사키 신야가 '세계 최우수 소믈리에 콩쿠르'에서 우승했을 때의 영상을 보았다. 와인 한 모금으로 포도의 종류, 지역, 밭, 몇 년산인지 모두 알아맞히는 것을 보고 깜짝 놀랐다. 그야말로 신의 경지라 생각했다.

'맛'과 '향'이라고 하는 막연한 감각을 어떻게 기억할 수 있을까? 그것도 수백 종류, 아니 1,000종 이상의 차이점을 기억할 수 있을까? 다사키 신야는 자신의 저서 《말로 전하는 기술 − 소믈리에의 표현력》에서 다음과 같이 밝히고 있다.

'왜 소믈리에는 오감으로 느낀 것을 말로 바꾸는 것일까? 오감으로 받아들인 감각은 잠재적으로 머릿속에 머물 수는 있어도, 그것만으로는 자유자재로 끌어낼 수 있는 기억이 되지 않는다. 언제든 생각을 떠올려 보다 또렷하게 불러낼 수 있으려면 말이 필요하다. 각각의 와인을 오감의 센서로 받아들이고 그 감각을 좌뇌에서 언어화 하고 데이터로 축적하면 언제든 손쉽게 검색할 수 있다. 언어화란 기억을 정리하기 쉬운 도구로 바꾸어 의미를 부여함으로써 더 정확한 것으로 만들고, 또 자유롭게 응용할 수 있는 가장 적절한 방법이라 생각한다.'

맛이나 향과 같이 순간적으로 사라져버리는 섬세한 감각을 '언어화' 하고 '스토리화' 하면 언제까지나 기억에 남길 수 있게 된다.

필자는 위스키를 무척 좋아하는데, 위스키 시음 후엔 꼭 그 감상을 기록하려고 노력한다. 한 잔의 세계에 집중해 맛과 향을 음미하고 그것을 한 단어 한 단어로 빚어낸다. 이런 노력은 궁극의 지적 게임이자 기억력 훈련이 된다.

시음 노트에 감상평을 쓰기 시작하면서 미각과 후각, 그중에서도 후각이 예민해져 여러 가지 향을 선별할 수 있게 되었고 상품의 브랜드를 가리고 마셔도 어느 지역 것인지 높은 확률로 알아맞히게 되었다. 대표적인 증류소蒸溜所의 맛과 향을 기억하여 뇌 속의 데이터베이스를 늘려가는 것이다.

오감으로 느낀 것을 '언어화' 하고 '아웃풋' 하는 것은 오감을 단련하는 훈련이며 기억력을 증진하는 최상의 방법이다.

정신과 전문의가 알려주는
'기억력 외 기억법'

"기억력이 나빠서 성적이 안 올라."

"기억력 때문에 자꾸 업무에 실수가 생겨."

자신이 안 좋은 기억력을 타고났다고 고민하는 사람들이 많지만, 사실은 자신의 기억력만으로도 원하는 결과를 충분히 얻을 수 있다. 기억력 자체를 개선시키지 않아도 성적이 오르고 작업능률을 올릴 수 있다. 이 책에서는 그 방법을 '기억력 외 기억법'이라 부른다.

'기억력 외 기억법'에 필요한 것은 '사전 준비'와 '뇌의 활동 능력을 최상으로 만드는 것' 단 두 가지뿐이다.

사실 '외우지 않는 기억법'이라고 하지만 '기억하기, 외우기, 암기하기'와 같은 작업을 전혀 하지 않을 수는 없다. 그 과정을 제로로 만들 수는 없지만, 시간과 수고를 절반으로 줄이면서 똑같은 효과를 낼 수 있는 방법은 존재한다. 다시 말해 같은 노력으로 2배, 3배의 효과를 내는 것이다. 지금부터 자격시험이나 어학시험 공부할 때 큰 도움이 되는 '사전준비 기억법'에 대해 설명해보겠다.

사전 준비 기억법 ❶
절대 '통째암기' 하지 말라

'통째암기'를 '금지'한다는 것이 무슨 의미일까?

이상하게도 성적이 좋지 않거나 기억력에 자신이 없는 사람일수록 선호하는 것이 바로 '통째암기'인데, 억지로 무조건 외우는 방법을 말한다. 그렇다면 '통째암기'의 반대는 무엇일까? 내용과 배경을 제대로 이해하고, 그 이해를 바탕으로 암기하는 것이다. 기억력에 자신이 없다면 오히려 '이해'에 집중해야 한다.

책에서 새로운 내용이 나오는 페이지를 읽고 바로 기억할 수 있는 사람은 없을 것이다. 기억에는 순서가 필요하다. 거듭 말하지만 '이해', '정리', '기억', '반복'이라는 네 가지 단계를 밟아야 비로소 효율적으로 기억할 수 있다.

학교 수업을 상상해보자. 먼저 선생님이 교과서를 읽고 그 내용을 설명하면 '이해'하고, 칠판의 글을 노트에 적는다. 노트에 적는 것은 이해한 내용을 '정리'하여 기록하기 위해서다. 집에 돌아가면 수업 내용을 복습하고 '기억'한다. 그리고 시험을 대비해 '반복'하며 암기하는 작업을 거친다.

이 네 가지 단계 중에서 특히 중요한 것이 '이해'와 '정리'다.

이해하고 정리되지 않은 채 '통째암기'를 하더라도 그것은 그저 '의미 기억'일 뿐이기에 잘 외워지지 않고 금세 잊어버린다. 반면 이해하고 정리하는 데 충분한 시간을 들이면 '의미 기억'이 '에피소드 기억'으로 변하기 때문에 외우기 쉽고 잘 잊어버리지 않는다.

'통째암기'는 금지! 먼저 '이해'와 '정리'라는 사전 준비를 철저히 거친 다음 앞으로 나아가자. 어려움 없이 술술 암기할 수 있을 것이다.

먼저 전체를 내려다보라

기억이 편해지는 후지산 기억법

필자는 후지산에 두 번 올랐는데, 첫 번째 산행은 무척 힘들었다.

일단 정상에 오르니, 6부 능선까지는 매우 평탄하다가 8부 능선쯤부터 경사가 가팔라지는 등산로 전체가 파악되었다. '등산 코스를 미리 알고 있었다면 훨씬 편했을 텐데'라는 생각이 들었다.

예상대로 두 번째 후지산에 올랐을 때는 코스의 완급이나 산의 전체 모습이 머릿속에 들어 있었기에 매우 편하고 여유롭게 등산할 수 있었다. 기억도 마찬가지다. 전체상을 꿰뚫어볼 수 있으면 보다 편하게 기억할 수 있게 된다. 필자는 이것을 '후지산 기억법'이라 부른다.

책은 처음부터 읽지 마라!

여러분은 책을 사면 어디서부터 읽기 시작하는가?

"어디서부터 읽다니, 처음부터 읽는 게 당연하잖아?" 이렇게 말한다면 책을 읽어도 내용을 잘 잊어버리는 사람일지도 모른다. 필자는 책을 사면 먼저 목차를 본다. 책의 전체상을 파악하기 위해서다.

다음은 목차의 예비 정보를 바탕으로 책장을 띄엄띄엄 넘기며 훑어본다. 그리고 내가 읽어보고 싶은 부분, 재미있어 보이는 곳을 발견하면 바로 그 부분부터 읽기 시작한다. 띄엄띄엄 책장을 넘기다가 어느 곳에서는 멈추어 찬찬히 읽는다.

그것을 수차례 반복하면 불과 5분 정도에 그 책의 가장 재미있는 부분, 내가 가장 알고 싶었던 부분을 다 읽게 된다. 단 5분 만에 적당한 정도의 지적 포만감을 얻을 수 있는 것이다. 이것이 바로 띄엄띄엄 읽기 방법이다.

그렇게 '읽고 싶고' '알고 싶은' 부분이 정리되면 다시 첫 페이지로 돌아가 머리말부터 읽기 시작한다. 그러면 신기하게도 책의 내용이 머릿속에 쏙쏙 들어오고 강렬하게 기억에 남게 된다. 책을 읽을 때는 먼저 전체 구성을 파악한 다음 세세한 부분을 읽어 나가면 깊이 있는 이해에 도달할 수 있다.

'전체 → 세부'로 기억하라

기억에서 중요한 것은 '관련성'이다. 관련성이 강하면 기억에 잘 남고, 관련성이 약하면 잊어버린다. 먼저 전체의 구성을 파악하고 띄엄띄엄 읽은 다음, 처음부터 다시 읽으면 그곳이 전체에서 어떤 위치에 있는지 이해할 수 있다.

처음부터 순서대로 읽는다면 앞으로 어떻게 전개될지 알 수가 없다. 물론 그것은 그것대로 기대감이라는 장점이 있지만, 각각의 장과 내용이 전체와 어떤 관련을 가지게 되는지는 마지막 순간에야 알게 된다. 즉 '관련성'이 약한 채로 계속 읽어야 하므로, 기억에는 잘 남지 않는 독서법인 셈이다.

직소퍼즐을 맞춰보았는가? 처음에는 연결고리가 전혀 없기 때문에 퍼즐 조각을 어디에 놓을지 판단하기가 어렵다. 하지만 30퍼센트쯤 채워지면 손에 쥔 조각이 대충 어느 위치에 가야 할지 알게 된다. 커다란 틀이 짜였기 때문이다.

띄엄띄엄 읽기는 '직소퍼즐의 틀 짜기 작업'이라 생각하면 된다. 단 5분 만에 전체의 30퍼센트 정도 구성을 파악함으로써 책을 읽는 속도도 빨라지고 이해도 증진되고, 무엇보다 강렬한 기억으로 남게 된다.

중고등학교 시절 예습이 중요하다는 얘기를 자주 들었을 것이다. 왜 예습을 하면 학습 효과가 좋아질까? 예습을 통해 그날 배울 내용의 전체상을 파악했기 때문이다. '예습' 역시 직소퍼즐의 틀을 마련하는 작업과 같다.

예습할 때 잘 몰랐던 부분이나 세세한 내용에 주의를 기울여 들을 수 있기 때문에 귀에도 쏙쏙 들어오고 이해도 빨라진다. 미리 접한 정보를 한 번 더 학습하기 때문에 복습의 의미도 있다. '예습'은 그날 공부할 전체상을 파악하는 것, 바로 '후지산 기억법' 그 자체라 할 수 있다.

공부도, 독서도, 업무도 마찬가지다. 무언가를 이해하고 기억하고 싶다면 먼저 전체의 구성, 흐름, 전개를 이해해야 한다. 산의 정상에 올라 경치를 내려다보는 것처럼, 먼저 전체상을 파악하라. 그리고 세부 내용을 기억에 남기면 된다.

'전체→세부'라는 과정을 거치면서 기억 효과와 학습 효율은 급격히 증가된다.

사전 준비 기억법 ❸

자격시험, 검정시험의 필살기

5일 공부로 시험 합격, 대책강좌 기억법

2014년 가을, 필자는 제1회 위스키 검정시험이 시행된다는 정보를 듣자마자 응시하기로 결심했다. 그리고 위스키 검정 2급 시험에 무난히 합격했다.

검정 인증서에는 성적이 기재되어 있었는데, 놀랍게도 내 점수는

89점으로 수험자 1,379명 중 59위였다. 참고로 70점이 합격선인데, 필자가 응시한 시험의 2급 합격률은 45.5퍼센트였다. 검정시험치고는 꽤 어려운 편이었다.

'89점이라고? 뭐 대단한 점수도 아니잖아?'라고 생각하는 사람도 있을지 모르겠다. 하지만 필자가 이 시험을 위해 공부한 기간은 단 5일이었다. 잘난 체하는 것 같이 들리겠지만, 이런저런 일이 겹치는 바람에 공부할 시간을 뺄 수가 없었다.

그러면 시험일로부터 한 달 전으로 거슬러 올라가보자. 위스키 검정시험은 교재만 200쪽이 넘는 데다 위스키의 역사와 제조법부터 시작해 각종 위스키의 개별 특징까지, 외워야 할 내용이 산더미처럼 많다. 찬찬히 공부할 여유가 없었던 필자는 결국 최단시간에 합격을 목표로 할 수밖에 없었다.

마침 그때 '위스키 검정 대책'이라는 강좌가 생긴다는 소식을 알게 되었다. 검정시험을 치르기 약 한 달 전이어서 곧바로 신청했다.

'위스키 검정시험'의 감수자이자 출제자인 쓰치야 마모루 씨가 위스키의 역사, 제조법, 지역별 위스키, 위스키의 개별 특징까지 방대한 출제 범위를 약 3시간 동안 정리해주었다. 쓰치야 씨의 유머 넘치는 강의가 무척 인상적이어서 검정시험을 친다는 사실도 잊은 채 빠져들었던 기억이 난다.

교재만 봤을 때는 단순히 암기해야 할 것들로 보이던 내용들이 강의를 들은 후엔 '장대한 위스키의 대하드라마'를 본 것처럼 머릿속에 새겨졌다. 말하자면 교재가 완전히 '스토리화' 되었던 것이다. 게다가 위스키 검정의 개념, 위스키 검정에서 중요하게 다루어지는 부분까지 파악할 수 있었다.

200쪽의 교재를 읽는 데만 4~5시간이 걸린다. 그런데 단 3시간 만에 전체상과 요점까지 파악할 수 있었으니 굉장한 효율이다. 시험의 합격률은 45.5퍼센트였는데, 이 강좌를 들었던 사람은 합격했을 확률이 훨씬 더 높았을 것이다.

어떤 분야의 공부를 시작하려고 할 때, 가장 먼저 할 일은 '전체상'을 파악하는 것이다. 그러기 위해서는 단시간에 전체상을 파악할 수 있는 방법을 활용해야 한다. 대부분의 국가시험, 자격시험, 검정시험은 학원이나 관련기관들이 '대책강좌' '기초강좌'들을 주최하므로 시험의 전체상을 파악하기에 좋다. 시험의 합격, 불합격 여부는 암기력이나 기억력, 혹은 뛰어난 머리와는 직접적인 관계가 없다.

특히 검정시험처럼 교재 한 권만 마스터하면 붙는 시험이라면 당락의 90%는 오로지 사전준비에서 결정된다. 공부를 시작하기 전에 전체상을 파악하는 것이야말로 반드시 필요한 사전준비.

도쿄대 합격생에게 배우는, 정리노트 기억법

암기나 기억이라고 하면 참고서에 빨간 줄을 그어가며 필사적으로 외우는 이미지를 떠올릴지 모르겠지만, 그런 암기법이나 기억법으로는 원하는 만큼의 결과가 나오지 않는다.

오타 아야가 쓴《도쿄대 합격생의 노트는 아름답다》라는 책이 있다. 책 속엔 도쿄대 합격생이 고등학교 시절에 쓰던 노트가 여러 개 소개되어 있는데, 책의 제목처럼 예술적으로 아름답다.

보기 편하고, 알기 쉽고, 글씨가 깨끗하고, 정리가 잘 되어 있다. 이런 노트는 보는 순간 정보가 시각 이미지가 되어 머릿속으로 흘러들어오는 효과가 있다. 도쿄대 합격생의 노트를 보면 '기억하기 전에 승부가 결정된다'는 사실을 분명히 알 수 있다.

그들은 알기 쉽게 정리된 노트를 바탕으로 암기 작업을 한다. 만약 보기도 싫은 너저분한 노트였다면 그것으로 합격할 수 있었을까? 노트 정리가 잘 되면 외우지 않아도 자연스럽게 머릿속에 들어온다. 암기 작업이 굉장히 쉬워지는 것이다.

정리는 기억을 촉진시킨다. 이는 뇌과학적으로도 증명된 사실이다. 존 메디나는 저서《브레인 룰스》에서 '논리적으로 정리되고 계층적인 구조에 따라 제시된 말은 임의로 제시된 말보다 더 또렷이 머리에 남는다'고 말했다. 일반적으로 기억할 확률이 40퍼센트 더 높아진다고 한다.

지식을 논리적으로 정리하고 '계층화' 하면 기억력을 40퍼센트나 올릴 수 있다. '요약·정리'가 가진 엄청난 효과다. 정리하기 위해서는 '이해'가 필요하고, 정리에 의해 더 깊이 '이해'할 수 있다.

도쿄대 합격생에게 "노트의 이 부분은 어떤 의미인가요?"라고 말하면 틀림없이 술술 설명할 것이다. 앞에서도 말했지만 '설명할 수 있다'는 것은 머릿속에서 각각의 사건이 서로 연결되어 '정리된 스토리'로 만들어졌다는 뜻이다.

　정리하고 요약하는 과정을 거쳐 남에게 설명할 수 있을 정도로 이해했다면 그것은 굳이 암기하지 않아도 대부분 기억으로 정착된다.

기출문제는 기억법의 보물창고

시험에 뭐가 나올지 알면 누구나 백점

　만약 시험에 출제될 문제를 미리 안다면 어떻게 될까? 아마 모두 100점을 받을 것이다. 그런데 어떤 문제가 출제될지는 어느 정도 예상할 수 있다. '기출문제'를 연구하면 시험의 대략적인 경향을 파악할 수 있기 때문이다.

　흔히 예상문제를 '뽑는다' 혹은 '찍는다'라는 표현을 쓰는데, 적절하지 않다고 생각한다. 우연성에 맡기는 도박과 같은 행위가 연상되기 때문이다. 미래에 출제될 문제가 과거의 경향에서 완전히 벗어날 수는 없다. 몇몇 문제는 예상을 벗어났거나 꼬였을 수 있지만, 대부분은 과거의 출제 경향을 따른다.

　서점에 가면 국가시험이나 자격시험의 출제 경향을 분석한 책이 많이 나와 있다. 하지만 그런 책보다는 자신이 직접 과거 문제를 접하고 경향을 파악하는 것이 중요하다. 그 과정에서 문제를 보는 안목이 생기기 때문이다.

기출문제가 먼저, 참고서는 나중

시험을 앞두고 대부분은 먼저 교재나 참고서로 공부를 한 다음, 과거 기출문제로 실력을 테스트해볼 것이다. 이런 공부법도 나쁘지 않지만 효율은 조금 떨어진다. 어느 부분이 시험에 나올지 알 수 없기 때문에 모든 부분을 골고루 공부하고 균등한 비율로 암기해야 하기 때문이다.

내가 시도했던 방법은 정반대였다. 먼저 기출문제를 한 번 쭉 훑어본다. 당연히 풀지 못할 테지만 그래도 상관없다. 일단 어떤 문제가 어떤 형식으로 출제되는지부터 파악하는 것이다.

기출문제를 풀 때 필자가 추천하는 방법이 있는데, 그 문제가 교재의 어느 부분에 나오는지 찾아서 형광펜으로 색칠하는 것이다. 이런 식으로 과거 몇 년 전 문제집까지 거슬러 올라가다보면 어떤 부분에서 어떤 문제가 어느 정도의 난이도로 출제되었는지 훤히 보이게 된다. 과거에 여러 번 출제된 문제, 예전에 한 번도 나오지 않는 문제, 시험에 나올 법한 문제와 그렇지 않은 문제가 판별되는 것이다.

기출문제가 중요하다고 과거에 나온 문제를 필사적으로 암기하려는 사람이 있는데 이는 잘못된 방법이다. 기출문제와 똑같은 형식으로 출제될 가능성은 낮다. 기출문제와 같은 계통의 문제를 대비해야 한다. 그러기 위해서는 단순히 기출문제만 풀 것이 아니라 '출제자의 심리'를 분석하는 것이 필요하다.

문제 하나하나마다 '출제자의 의도'를 생각해보자. 문제는 바뀌어도 출제자의 의도는 크게 바뀌지 않는다. 모든 문제는 '이 정도 수준의 지식은 이해하기 바란다'라는 의도에서 출제된다. 여기서 '이 정도의 수준'은 무엇일까? 수많은 기출문제를 분석하면 해답이 저절로 눈에 보일 것이다.

'어떤 문제가 나왔나?'라는 관점에서 기출문제를 풀면 '과거 지향'이 될 뿐이다. '이런 문제가 나왔으니 앞으로도 이런 경향의 문제가 나올 것이다'라고 예측하는 '미래 지향'적 자세로 공부하면 최대의 효과를 얻을 수 있다.

사회, 과학 만점을 받게 해준 노트 한 권

내가 기출문제를 분석하기 시작한 것은 중3 때, 고등학교 입시를 준비하면서였다. 영어나 수학 등은 이해를 해야 되지만, 사회나 지리, 역사 등은 암기만 잘하면 정답을 맞힐 수 있는 경우가 많다.

암기만으로 공략할 수 있다면 철저히 암기만 하면 될까? 하지만 교과서 한 권을 통째로 암기하는 것이 쉬운 일은 아니다. 이때 필요한 것이 바로 기출문제다.

홋카이도 출신인 필자는 홋카이도 도립고등학교에서 과거 5년간 출제된 사회 과목 문제를 전부 풀었지만 그것만으로는 경향을 파악할 수 없었다. 그래서 다른 47개 지역의 공립 고등학교 입시문제가 전부 실려 있는 문제집을 사서 일 년치 기출문제 전부를 분석했다.

출제된 항목을 전부 조사해서 참고서의 해당 부분에 형광펜으로 표시했다. 그리고 과거에 출제된 모든 항목을 노트에 정리했다. '이것만 암기하면 사회 과목은 만점이다!'라고 할 수 있을 정도의 암기 항목 결정판을 만든 것이다. 항목 수는 생각보다 많지 않았다. '이 정도쯤이야'라고 생각될 만한 간단한 노트였다.

나중에 모의고사를 보았는데 그 노트에서 90퍼센트 이상이 출제되었다. 그때 나는 겨우 중3이었지만 시험에 나오는 수준과 그렇지 않은 수준을 학원 강사처럼 파악할 수 있었다. 과학 과목 역시 그런 식으로 노트를 만들었다.

나는 고등학교 입시의 사회와 과학 과목에서 만점을 받았다. 내가 만든 노트에서 대부분의 문제가 출제되었기 때문에 일사천리로 풀수 있었다. 이처럼 암기 중심으로 공부하는 과목은 기출문제만 분석해도 꽤 높은 점수를 받을 수 있다.

어쨌든 시험은 기출문제가 가장 중요하다!

공부는 일단 '중요한 부분'부터, 파레토 기억법

여기에 마법의 교과서가 있다고 상상해보자.

시험에 잘 나오는 '20퍼센트'와 어쩌다가 한 번씩 나오는 '80퍼센트'가 다른 색으로 구별되어 있는 교과서다. 여러분은 어느 쪽부터 공부하겠는가? 이 질문에 누구나 20퍼센트 쪽을 먼저 공부하겠다고 대답하겠지만, 실제로는 대부분의 사람이 첫 페이지부터 공부한다.

시험 범위가 정해져 있을 때도, 그 범위가 시작되는 첫 페이지부터 공부하므로 결국 시간 부족으로 뒷부분은 포기하게 된다. 시험공부는 첫 페이지가 아니라, 시험에 나올 확률이 높은 '중요한 20퍼센트'부터 먼저 해야 한다.

'파레토의 법칙'이라는 것이 있다. '20대 80의 법칙'이라는 이름으로 불리는데 '20퍼센트의 일이 80퍼센트의 수익을 낳는다' 또는 '20퍼센트의 인간이 80퍼센트의 부를 축적한다'라는 식으로 활용된다.

그런데 공부의 경우에도 그 법칙이 해당된다. 시험에 잘 나오는 상위 20퍼센트를 완전히 암기할 수 있으면 80점 정도는 맞을 수 있다는 것이다. 물론 정확한 수치는 아니지만, 공부한 시간에 비해 상당히 높은 점수를 받을 수 있는 것만은 사실이다.

공부 시간은 한정되어 있다. 그러니 우선순위를 정해야 한다. '시험에 자주 나오는 부분'과 '거의 나오지 않는 부분'을 같은 시간을 들여 공부하는 것은 효율적이지 못하다. 시험에 잘 나오는 '20퍼센트'와 거의 나오지 않는 '80퍼센트'가 구분된 '마법의 교과서'는 기출문제를 분석하면 스스로 만들 수 있다.

먼저 중요한 20퍼센트부터 암기하라. 그리고 여유가 있으면 나머지 80퍼센트를 암기하라. 첫 페이지부터 균등한 비율로 공부하는 것은 비효율적이다.

100% 기억할 수 있는 단어장 기억법

도라에몽의 '암기빵'은 존재한다!

'도라에몽'이라는 애니메이션을 보면 '암기빵'이라는 비밀 무기가 나온다.

식빵에 공부한 내용을 옮겨 쓴 다음 그걸 먹으면 외우게 된다는 굉장한 물건이다. 하지만 암기빵을 너무 많이 먹은 주인공 노비타가 설사를 하는 바람에 몽땅 잊어버리게 된다는 설정이다.

어릴 적엔 나도 '이런 암기빵이 있으면 얼마나 좋을까'란 생각을 한 적이 있다. 그런데 쓰기만 하면 저절로 외워지는 '암기빵'은 실제로 존재한다.

바로 '단어장'이다. 단어장을 사용하면 글로 쓴 것을 100퍼센트 암기할 수 있다! 과장이 심하다고 생각하는 사람도 있겠지만 이것은 엄연한 사실이다.

입시공부를 하면서 단어장을 사용하지 않았던 사람은 없을 것이다. 단어장이란 영어 단어를 'Apple-사과'와 같이 일대일의 조합으로 만들어 외우는 것인데 암기할 때 굉장한 위력을 발휘한다. 사지선다형 문제처럼 정답을 '찍어야' 하는 시험에 효과적이다.

내가 단 5일 공부하고 위스키 검정시험에서 합격할 수 있었던 것도

'단어장' 덕분이다. 위스키 검정시험은 사지선다형이었다. 단어의 조합을 암기하면 합격할 수 있다는 의미다. 나는 외워야 할 것들을 몽땅 '단어장'에 옮겨 적었다.

그러면 모의시험 문제와 단어장 활용의 예를 들어보겠다.

> 스코틀랜드의 국화는 무엇인가?
>
> ①장미 ②백합 ③엉겅퀴 ④가시금작화

정답은 ③번 엉겅퀴다. 이런 경우 단어장에 '스코틀랜드 국화-엉겅퀴'라는 조합을 적어놓는 것은 당연하지만, 그 밖의 선택지에 나온 꽃들도 '영국 국화-장미'처럼 함께 써둔다.

그뿐 아니라 선택지에는 없지만, 위스키의 산지로 유명한 아일랜드 국화도 출제될 가능성이 있으므로 '아일랜드 국화-샴록(클로버)'도 덧붙여 써둔다.

위스키 검정시험의 경우, 내가 만든 카드는 500장 정도였다. 이렇게 그것만 외우면 합격할 수 있을 정도의 사전준비는 반드시 필요하다.

공부 효율을 높여주는 레벨 나누기 기억법

그러면 단어장을 활용해 암기하는 과정을 설명하겠다.

'스코틀랜드-국화'라는 카드의 앞면을 본다. 뒷면을 보면 정답이 '엉겅퀴'라는 것을 알 수 있지만, 더 확실히 기억에 정착시키기 위해서는 반드시 펜으로 종이에 쓰면서 확인한다.

그렇게 암기하다 보면 중간에 모르거나 틀리는 카드가 나온다. 그럴 때는 그 카드를 빼서 '암기 중' 카드 묶음으로 옮겨놓는다. 대체로 틀리지 않고 확인이 끝난 카드는 '암기 끝' 카드 묶음으로 보낸다.

'암기 중' 카드들은 정답을 맞힐 때까지 반복해서 암기한다. 다음날 다시 도전하면, 대부분은 암기되었을 테지만 그래도 여전히 틀리는 카드가 몇 장 나온다. 그때도 역시 틀린 카드는 따로 뽑아서 '어려운 문제' 카드 묶음으로 옮겨 놓는다.

다시 말하면 모든 카드를 '암기 끝', '암기 중', '어려운 문제'의 세 그룹으로 분류하는 것이다. '암기 끝' 카드를 계속해서 공부하는 것은 시간 낭비다. '어려운 문제'나 '암기 중' 카드에 시간을 들이고 '암기 끝' 카드는 시험 직전에 확인하는 정도로 사용하면 된다.

이 과정을 반복해 '어려운 문제'에 속한 카드 전부를 알아맞힐 수 있게 되면 '100퍼센트 기억'한 것이다. 이것이 단어장을 '암기빵'으로 만드는 비밀이다.

여기서 요령은, 외운 카드를 확인하는 데 시간을 들이지 말고 외우지 못한 카드에 집중하라는 것이다.

지금의 기억력 그대로, 베스트 퍼포먼스 기억법

2배, 3배의 효과를 내는 '수면 기억법' & '학습계획 기억법'

암기하기에 가장 적당한 시간은 언제일까? 정답은 밤이다. 그러면 밤을 새워 암기하면 효과가 있을까? 그렇지 않다. 수면시간을 줄여서 공부하면 역효과가 날 뿐이다.

'기억'은 '뇌'에서 하는 것이다. 즉, '뇌'의 활동 능력이 높은 상태에서 기억하면 단시간의 학습으로도 효율을 높일 수 있다. 거꾸로 말하면 '뇌'의 활동 능력이 낮은 상태에서는 설령 기억했더라도 금세 잊어버리게 된다.

공부나 일을 할 때 뇌의 활동 능력을 고려하면 '기억력'이 좋은 사람은 효율이 더욱 높아지고, '기억력'이 좋지 않은 사람도 최고의 효율을 발휘할 수 있다.

'기억력'을 며칠 만에 늘리기는 어렵겠지만, 뇌의 활동 능력을 향상시킬 수는 있다. 최상의 활동 상태에서 최상의 타이밍일 때 복습하는 것이 바로 '베스트 퍼포먼스 기억법'이다. 그러면 지금부터 '수면'과 '학습계획'이라는 두 가지 키워드를 통해 뇌의 활동 능력을 향상시키는 방법에 대해 설명하겠다.

'수면'과 '기억'의 뜻밖의 관계

기억력을 향상시키는 가장 쉽고 간단한 방법은 '수면'이다. 수면과 기억은 매우 밀접한 관계가 있다. 아무리 낮에 열심히 공부해도 수면 시간이 부족하면 공부한 내용이 기억으로 확실히 정착되지 못한다. 수면 부족으로 공부에 쏟은 모든 노력이 헛수고가 되는 것이다.

충분히 수면을 취하기만 해도 기억력은 향상된다. '설마?'라고 하는 사람도 있겠지만 분명한 사실이다. 잠을 자기만 해도 저절로 기억된다. 수면이야말로 '외우지 않는 기억법' 그 자체라고 할 수 있다.

그러면 지금부터 기억력을 향상시키기 위해 반드시 알아두어야 할 것, 즉 수면과 기억력의 중요한 규칙에 대해 알아보자.

기억력 강화 수면 규칙 **①**

6시간 이상 자야 기억이 정착된다

꿈을 통해 기억이 정리되고 정착된다

우리는 잠을 자면서 '꿈'을 꾼다. 왜 꿈을 꾸는지에 대해서는 여러 가지 학설이 있지만, '꿈'을 통해 우리의 기억이 정리되고 정착된다는 학설이 가장 유력하다. 낮 시간 동안의 기억을 확실히 정착시키기 위해서는 6시간 이상의 수면이 필요하다.

하버드 대학의 스틱골드 박사가 2000년에 발표한 연구가 있다. 학생들에게 도형을 아주 잠깐 보여준 후, 그 도형이 어느 방향을 향해 있는지 테스트를 한 것이다. 1차 테스트를 하고, 3일 후 수면 시간과

의 상관관계에 대한 2차 테스트가 이루어졌다.

실험 결과, 밤을 샌 그룹은 2차 테스트에서 전혀 성적이 오르지 않았다. 6시간 미만으로 수면을 취한 그룹은 성적이 약간 올랐고, 8시간 이상 수면을 취한 그룹은 월등히 향상된 결과를 나타냈다.

스틱골드 박사는 새로운 지식이나 기법을 익히려면 그것을 외운 날 반드시 6시간 이상의 수면이 필요하다고 결론지었다. 수면 시간을 줄여 공부한다 해도 기억은 정착되지 않으며 학습효과도 오르지 않는다.

밤샘 공부, 수면 부족은 기억력의 적!

시험 전날 밤에는 당연히 잠을 줄여 공부해야 한다고 생각하는 사람들이 많다. 하지만 수면을 취하지 않으면 시험이 끝나자마자 외웠다고 생각한 내용 대부분을 잊어버리게 된다. 이런 식이라면 아무리 애써 공부한들 성과가 쌓이지 않는다. 그뿐 아니라 밤샘 공부가 뇌의 활동과 인지능력을 저하시킨다는 사실은 여러 실험을 통해 밝혀졌다.

밤을 새는 건 물론이고, 수면 시간을 줄이기만 해도 뇌에 미치는 악영향은 심각하다. 국립정신·신경의료연구센터의 미시마 가즈오 박사 연구에 따르면, 6시간 수면을 지속한 사람의 인지능력은 열흘째 되는 날부터 하룻밤 밤샘을 한 수준으로 떨어졌다고 한다.

밤샘이나 수면 부족은 기억력을 저하시키고 뇌 기능을 떨어뜨린다. 이렇게 뇌의 활동 능력이 저하된 상태에서 시험을 치른다면 제대로 실력 발휘를 할 수 없다. 몇 달에 걸쳐 암기하고 장기기억으로 정착된 내용마저 떠올리지 못하게 되는 것이다.

밤을 새면 뇌세포가 죽는다?

실험용 쥐를 5일 동안 재우지 않았더니, 뇌하수체의 세포 일부가 사멸했다고 한다. 또 96시간 수면을 차단한 쥐의 경우, 해마에서 새로운 뉴런이 거의 생산되지 않았다는 연구 결과도 있다.

수면 부족이 계속되면 스트레스 호르몬인 코티솔이 분비된다. 코티솔이 지속적으로 다량 분비되면, 해마의 신경세포가 손상을 입고 죽어버린다.

도호쿠 대학에서 5~18세 사이의 유아 및 청소년 290명을 대상으로 실시한 연구에 따르면, 수면 시간이 짧을수록 뇌의 해마 체적이 적었다고 한다.

한 번의 밤샘으로 뇌세포가 얼마나 죽는지는 정확히 알 수 없지만, 지속적 수면 부족은 기억을 정착시키는 역할을 하는 해마에 대단히 부정적 영향을 미친다.

전혀 잠을 자지 않거나 밤을 새는 경우는 두말할 필요도 없다. 6시간 미만의 수면 부족으로도 기억이나 인지능력이 저하되는 만큼, 충분한 수면은 뇌의 활동에 필수적이다.

주말에 몰아서 10시간을 자더라도 효과가 없다

수면시간을 줄이면 기억력뿐만 아니라 주의력, 집중력, 인지능력, 학습능력 등 대부분의 뇌 기능이 떨어진다. 평소 부족한 수면 시간을 보충하기 위해 주말에 몰아서 잔다는 사람들이 많다. 하지만 미국의 곤차스 박사의 실험에 따르면 그것은 잘못된 생각이다.

실험은 총 13일간 진행됐는데 첫 4일은 8시간 수면, 다음 6일은 6시간 수면, 그 다음 3일은 10시간 수면을 취하게 했다. 그런데 5일째 수면시간을 8시간에서 6시간으로, 2시간 줄였더니 졸음이나 인지기능의 저하가 관찰되었다.

마지막 3일 동안 10시간 수면을 취하자, 졸음은 개선되었지만 인지기능은 회복되지 않았다.

부족한 수면을 몰아서 보충해도 뇌는 회복되지 않는다. 즉, 휴일에 몰아 자더라도 뇌의 운동 능력이 저하된 상태는 개선되지 않는다는 의미다.

만성적으로 수면 부족인 사람은 항상 머리가 멍하고 뇌의 활동 능력이 100퍼센트 발휘되지 못한 상태에 있는 것이다.

매일 6시간 이상 수면을 취해 뇌의 활동 능력을 최상으로 유지하라. 집중력이나 기억력, 나아가 업무능률을 유지하기 위해서는 반드시 필요한 조건이다.

기억의 골든타임은 잠들기 전

자기 전에 암기하고 그대로 잠들어라

기억이 특별히 잘 되는 시간대라는 게 있을까?

있다. 바로 잠자기 직전이다. 특히 잠들기 15분 전은 기억의 골든타임이라 할 수 있다. 수면이 기억의 정착을 촉진시킨다는 것은 이미 앞에서도 말한 바 있다. 일단 암기하면 아무것도 하지 않고 곧장 이불 속으로 직행하는 것이 최선이다.

기억의 정착을 방해하는 요인으로 '기억의 충돌'이라는 것이 있다. 어느 정도 암기한 상태에서 그 후 비슷한 정보나 불필요한 정보가 새로 입력되면 뇌 속에서 정보들끼리 충돌하여 기억이 혼선을 빚는 현상이다.

"오늘 하루는 열심히 공부했으니 영화 한 편 보고 자자!"

"영어 단어 다 외웠으니 한 시간만 게임하다 자야지."

기억법의 관점에서 보면, 이런 행동은 최악이라 할 수 있다. 공부한 다음에는 그대로 이불 속으로 직행하라. 기억 간의 충돌을 막는 최선의 방법이다.

뇌를 최상의 상태로 활용하는 시간대별 공부법

밤 시간, 그것도 잠들기 직전이 기억하기 좋은 시간대라면, 오전 시간은 기억을 위해 좋은 시간대가 아니라는 말이 된다. 그러면 오전 중에는 어떤 공부를 하면 좋을까?

아침에 일어난 후 약 2~3시간 정도를 '뇌의 골든타임'이라고 하는데, 뇌 속이 깔끔하게 정리된 상태이다. 따라서 고도의 논리적인 사고를 하고, 어려운 내용을 이해하고, 글을 쓰고, 어학 공부를 하기에 적절한 시간이다.

기억의 네 단계, 즉 '이해, 정리, 기억, 반복'을 떠올려보자. 이중에서 오전 시간에는 '이해' 또는 '정리'하는 작업을 하고, 밤에는 '기억' 또는 '반복'하는 공부에 집중한다. 특히 잠들기 15분 전 '기억의 골든타임'에 어려운 분야 등을 한 번에 암기하고 그대로 잠들어버리는 것이 효율적인 공부법이라 할 수 있다.

예를 들어 수학이나 물리는 암기보다 이해가 중요하므로 오전 중에 공부하는 것이 좋다. 물론 수학이나 물리에도 암기해야 할 부분이 있다. 그 부분은 잠들기 전에 반복해서 확실히 뇌에 정착시키는 것이 좋다.

영어 과목에서도 문법 공부는 '이해형'이지만, 단어 공부는 '암기형'이라고 할 수 있다. 이처럼 '이해형'과 '암기형'의 공부를 구분하여 '이해형'은 오전에, '암기형'은 밤에 하면 공부의 효율이 비약적으로 높아진다.

짧은 낮잠의 놀라운 효과

짧게 자도 기억 정착에 효과적이다

기억하기 위해서는 6시간 이상의 수면 시간이 필요하다. 하지만 업무량이 많아 충분한 수면을 취할 수 없는 사람은 어떻게 해야 할까? 수면 부족으로 저하된 뇌의 활동 능력을 개선할 수 있는 비장의 카드가 있으니, '짧은 수면'이다.

독일 뤼벡 대학에서 실시한 연구를 소개하겠다. 먼저 피험자에게 일러스트가 그려진 15종의 카드를 기억하게 한다. 40분 후, 피험자 중 절반에게는 처음에 보여준 일러스트와 약간 다른 그림이 그려진 카드를 기억하게 한다(기억을 교란시키기 위해). 나머지 피험자들에게는 40분 동안 가벼운 수면을 취하게 한 다음 다른 그림이 그려진 카드를 기억하게 한다. 그 후, 두 그룹 모두 처음에 기억한 카드를 얼마나 기억하고 있는지 테스트했다.

실험 결과, 수면을 취한 그룹이 비교 그룹보다 더 좋은 결과를 냈다. 수면을 취하지 않은 그룹의 정답률은 60퍼센트였지만, 수면을 취한 그룹의 정답률은 85퍼센트였다. 또한 뇌의 화상 분석 결과, 수면에 의해 기억의 장기 보존이 촉진되었다는 사실도 확인되었다.

수면을 통해 기억의 장기 보존이 촉진되고, 여러 가지 정보가 충돌

되는 것을 방지할 수 있다. 단 40분의 짧은 잠이라도 기억의 정착에 큰 영향을 미치는 것이다.

26분의 낮잠으로 업무 효율 34퍼센트 상승

짧은 수면은 기억력뿐만 아니라 뇌의 기능을 전반적으로 개선한다. 미국 NASA의 연구에 따르면, 26분의 낮잠으로 작업 효율이 34퍼센트 증가하고 주의력은 54퍼센트 향상된다고 한다. 최근 구글이나 나이키 등 미국의 대기업들은 수면실을 운영하거나 냅파드nap pod라고 하는 수면 기계를 사용하는 추세다.

일본 후생노동성은 2014년 11년 만에 '건강을 위한 수면 지침'을 개정했는데 거기에 이런 문구가 나온다.

'오후 시간에 쏟아지는 졸음으로 작업에 발생하는 문제를 개선하기 위해서는 낮잠이 도움이 된다. 이른 오후에 30분 이내로 짧은 낮잠을 자면 졸음으로 인한 작업능률 저하의 개선에 효과적이다.'

짧은 낮잠의 효과에 대해 국가가 보증했다는 의미다. 예전에는 낮잠을 자면 '근무시간에 뭐하는 거야?'라고 핀잔을 받았겠지만 요즘은 일본에서도 수면실을 마련해 낮잠 자기를 권하는 회사가 늘어나고 있다.

나폴레옹은 쇼트 슬리퍼가 아니었다

나폴레옹은 하루에 3시간밖에 자지 않았지만 역사에 남을 업적을 남겼다고 한다. '쇼트 슬립short sleep'을 옹호하는 사람들은 항상 나폴레옹을 예로 든다. 그런데 최근의 연구에 따르면 나폴레옹이 '쇼트 슬리퍼'였다는 사실이 허구일 수도 있다고 한다.

그가 중증 위궤양을 앓고 있었다는 것은 유명한 사실이다. 나폴레옹의 사인에 대해서도 여러 가지 설이 있지만, 위궤양 악화에 따른 위천공(위에 구멍이 뚫리는 것)이라는 것이 유력하다.

초상화 속 나폴레옹은 손을 배 위에 대고 있는데, 이것은 그가 항상 위통에 시달리고 있었음을 말해준다. 게다가 한밤중에 찾아오는 격렬한 위통 때문에 제대로 잘 수 없었던 것으로 추정된다.

위궤양의 가장 큰 원인은 스트레스이고, 수면은 손상된 세포를 회복시키고 스트레스를 해소해준다. 나폴레옹의 위궤양 악화는 분명히 수면 부족과 관계가 있을 것이다.

나폴레옹의 측근인 브리엔느가 남긴 회고록에 따르면, 나폴레옹은 회의 중이나 말을 타고 이동할 때 자주 졸았다고 한다. 그는 하루 3시간밖에 자지 않아도 활발하게 활동할 수 있었던 것이 아니라, 위통으로 인해 하루 3시간밖에 잘 수 없었던 것이다. 나폴레옹은 만성적 수면 부족 상태를 '낮잠'으로 해결했던 '낮잠'의 달인이었던 셈이다.

레오나르도 다 빈치는 4시간마다 15분의 낮잠을 잤다고 알려져 있다. 또 발명왕 에디슨도 습관적으로 낮잠을 잤다고 한다. 역사상 위대한 인물들도 낮잠을 활용해 뇌의 활동 능력을 최대한으로 끌어올렸던 것이다.

파워 낮잠 실천법

수면의 효율을 최대화 할 수 있는 낮잠을 '파워 낮잠'이라고 한다. 파워 낮잠은 15~20분이 최적이라고 한다. 30분을 넘으면 깊은 잠에 빠져들기 때문에 오히려 피로감이 증가하고, 60분을 넘으면 밤잠에 나쁜 영향을 미친다. 또한 낮잠은 오후 3시 이전에 끝내야 하고, 그 이후는 밤의 수면을 위해 자제해야 한다.

만약 누워서 잘 수 있는 수면실이 없다면, 책상 위에 엎드린 채 자는 것도 나쁘지 않다. 파워 낮잠을 자기 전에 커피나 녹차 등 카페인 음료를 섭취하면 약 30분 후에 효과가 나타나 자연스럽게 눈이 떠진다. 내 경우는 습관적으로 낮잠을 자지는 않지만, 피곤할 때나 졸음이 심하게 덮칠 때는 20분쯤 휴식을 취한다.

능률이 떨어진 채 일하는 것은 시간 낭비이기도 하다. 낮잠으로 인한 시간 손실과 작업효율의 향상을 비교해보면, 어느 편이 좋은지 스스로 판단할 수 있을 것이다.

학습계획 기억법 ❶

1주일 안에 3번 복습하기, 137 기억법

암기에는 반드시 복습이 필요하다

기억을 위해서는 복습이 중요하다는 것은 이미 여러 번 강조했다.

그렇다면 복습은 언제, 그리고 몇 번 하는 것이 가장 좋을까? 거기에 맞춰 학습계획을 세운다면 '외울 수 있는 양'은 몇 배로 늘어날 것이다.

독일의 심리학자 에빙하우스는 피험자에게 'SOB', 'RIT', 'GEX'와 같이 알파벳 세 글자가 무작위로 조합된 것을 기억하게 한 다음, 시간이 지나 어느 정도 망각했는지를 조사했다.

실험 결과, 기억하고 나서 20분 후에는 42퍼센트를 잊고, 1시간 후에는 56퍼센트, 하루가 지나자 74퍼센트를 잊어버렸다고 한다. 이 실험 결과를 도표로 나타낸 것을 '에빙하우스의 망각 곡선'이라 부른다. 100년 전에 실시된 이 연구는 오늘날 기억 연구의 기초가 되었다.

기억이란 시간과 함께 맹렬한 속도로 사라져버리는데, 이를 막는 방법은 복습밖에 없다. 적절한 타이밍에 제대로 복습하면 기억할 수 있는 비율은 확실히 증가한다.

에빙하우스의 실험 결과를 믿을 수 없으며, 그보다는 더 잘 기억할 수 있다고 주장하는 사람들도 있다. 하지만 이 실험은 '무의미한 알파벳 조합', 즉 전형적인 '의미 기억'만을 실험한 것이다. 서로 관련성이 있는 사물이나 실제 일어난 사건의 기억, 말하자면 '에피소드 기억'이라면 그 수치는 당연히 달라질 것이다.

1일, 3일, 7일 후에 복습한다

그렇다면 오래도록 기억에 남기기 위해 가장 좋은 복습 타이밍은 언제일까? 이에 관해서는 다양한 연구 결과가 있다. 그중 '1day-1week-1month법'이라는 것이 있다. 처음에 기억하고 나서 1일 후, 7일 후, 30일 후에 복습하는 방법이다.

무엇을 기억했는지에 따라 다를 수 있지만 내 경험에 비추어보면 1일과 7일 사이, 즉 3일째쯤 되는 날에 복습하는 것이 좋다. '1일 후, 3일 후, 7일 후' 이렇게 3회에 걸쳐 복습하면 거의 암기할 수 있다. 그리고 30일 후에 확실히 기억하고 있는지 다시 확인하면 된다. 이를 앞 숫자만 따서 '137 기억법'이라 부르자.

뇌에 입력된 정보는 2~4주 동안 해마에 임시 보관된다. 그 동안 3~4회, 혹은 그 이상 사용되었다면 뇌는 그것을 중요한 정보라 판단한다. 물론 이 책에서 말하는 횟수나 기간은 기준을 삼기 위한 것이지 정확한 수치는 아니다.

'2~4주 이내에 3~4회 아웃풋 하라'는 말이 막연하다면 이렇게 '1, 3, 7, 30'이라는 숫자를 기준으로 복습하면 된다. 꼭 3일째가 아니어도 상관없다. 4일째, 5일째가 되어도 괜찮지만, 너무 간격을 길게 두지 않도록 하자.

이미 기억한 것을 깡그리 잊어버리기 전에 복습하는 것이 중요하다. 기본 원칙은 '137'이다.

반복과 휴식이 기억 효과를 올려준다

암기는 몰아서 하지 말라, 분산 기억법

시험이 다가오고 시간에 쫓기다 보면 같은 과목을 몇 시간씩 계속 공부할 때가 있다. 하지만 기억이나 암기는 장시간 계속하면 눈에 띄게 효율이 떨어진다.

뉴욕 대학의 다바치 박사는 단어 리스트를 기억하게 하는 실험을 했다. 피험자를 두 그룹으로 나눠 '집중학습' 그룹은 단 하루 만에 모든 단어를 암기하게 했고 '분산학습' 그룹은 이틀에 걸쳐 암기하게 했다. 물론 두 그룹의 총 암기시간은 동일하게 조정했다.

테스트 결과 두 그룹은 거의 비슷한 점수를 받았다. 하지만 테스트 다음날 예고 없이 다시 테스트를 실시하자 '분산학습' 그룹이 약 10퍼센트 더 높은 정답률을 보였다.

집중학습은 분산학습에 비해 더 잊어버리기 쉬우며 기억이 정착되지 않는다고 할 수 있다. 기억력을 강화하는 수면 규칙에서도 밝혔지만, 많은 정보가 한꺼번에 주입되면 '기억의 충돌'이 발생한다. 예를 들어 영어 단어 100개를 한꺼번에 기억하려고 하면 100개의 단어들이 뇌 속에서 서로 충돌을 일으킨다.

하버드 대학의 대니얼 샥터 박사도 자신의 저서 《기억의 일곱 가지

죄악》에서 이렇게 설명한다.

'일주일 후의 테스트를 위해서라면 그 내용을 10회 반복하는 편이 테스트 직전 한꺼번에 외우는 것보다 더 좋은 결과를 얻을 수 있다.'

공부할 때는 한꺼번에 주입하는 것보다 어느 정도 기간을 두고 여러 번 반복하는 것이 효과적이다. 한 번에 장시간 공부하지 말고, 시간을 분할해 '반복'함으로써 뇌의 활동을 최대한으로 끌어올리도록 하자.

'첫 효과'와 '끝 효과'로 효율을 높인다

"문득 시계를 보니 공부를 시작하고 세 시간이나 지났더라."

이렇게 집중력을 유지하면서 공부하는 사람은 많지 않다.

"아, 피곤해." "지겨워." "아직 한 시간밖에 안 지났네."

보통은 이렇게 책상에서 일어나고 싶은 욕구와 싸워가며 공부한다. 공부든 일이든 처음과 마지막에는 집중력이 높아지고, 기억력이나 작업효율이 올라간다. 심리학에서는 이것을 '초두효과'와 '종말효과'라고 부른다.

처음에 '자, 시작하자!' 하고 의욕이 솟아오르는 효과, 그리고 '이제 거의 다 끝났어' 하고 막바지에 분발하는 효과가 공부나 일에서 효율을 높여준다는 것이다.

그렇다면 45분에 5분씩 쉬는 것이 좋을까, 90분에 10분씩 쉬는 것이 좋을까? 처음과 마지막 5분 동안 의욕 상승 효과를 얻을 수 있다고 해보자. 6시간 일을 했을 경우, 45분 단위로 휴식을 취하는 사람은 효율이 높은 시간대를 80분 얻을 수 있지만, 90분 단위로 휴식을 취하면 40분밖에 얻을 수 없다.

중간에 휴식을 취하면 리프레시 효과를 얻을 수 있는 것은 당연하다. '초두효과'와 '종말효과'를 시간의 단위마다 얻을 수 있기 때문에 전체적으로 보면 기억효율이나 업무효율이 상승되는 셈이다. 장시간 쉬지 않고 일하기보다 시간을 정해놓고 지치기 전에 휴식을 취하는 편이 뇌의 활동 능력을 최대한 높일 수 있다.

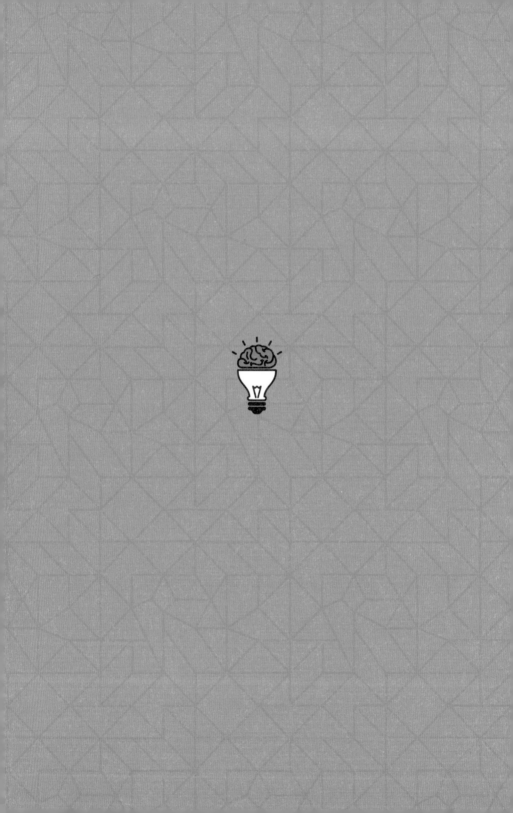

감정이 움직이는 순간,
기억도 강화된다

: 감정조작 기억법 :

여러분은 첫 키스를 누구와 했고 어디에서 했는지 기억하는가? 1년 전일 수도 있고 30년 전일 수도 있지만, 아마 생생하게 떠올릴 수 있을 것이다.

인간은 입력된 정보의 99퍼센트를 잊어버린다고 하지만 '정말 행복했던 추억'은 굳이 복습하지 않더라도 생생히 기억한다. 고통스럽거나 슬픈 기억 역시 마찬가지다. 잊고 싶지만 결코 잊히지 않는다. 이처럼 기억은 감정과 깊은 관계가 있다.

인간은 희로애락의 감정이 크게 움직였을 때 그 일을 강렬하게 기억하도록 되어 있다.

클라인스미스와 카플란은 8개의 단어와 1자리 숫자의 조합어를 기억하게 하는 실험을 했다. 8개의 단어 중엔 '키스'나 '구토'와 같이 감정을 자극하는 단어도 있고 그렇지 않은 단어도 있었다. 일주일 후 테스트를 해본 결과, 피험자들은 감정을 자극하는 단어의 조합을 평범한 단어의 조합보다 더 잘 기억했다.

감정이 자극 받을 때 분비되는 뇌내의 신경전달물질은 기억을 증강하는 작용을 한다. 예를 들어 가슴이 두근두근할 때나 즐거울 때는 도파민이 분비되고, 매우 기쁘고 행복한 기분일 때는 엔돌핀이 분비된다.

공포나 불안을 느낄 때는 노르아드레날린이나 아드레날린이 분비된다. 이러한 물질들에 기억을 증강시키는 효과가 있다는 사실은 이미 확인되었다.

즐거운 일이나 행복한 사건은 머릿속에 강렬하게 기억되어 삶의 활력소가 된다. 한편 슬프거나 고통스러운 일을 생생히 기억하는 것은 앞으로 닥칠 비슷한 종류의 위험을 피하기 위해서다. 이처럼 감정을 환기시키는 일에 대한 기억을 '감정 기억'이라고 한다. 감정 기억은 너무나 강렬해서 몇 번이고 복습할 필요가 없다.

이를 거꾸로 말하면 의식적으로 감정을 조절함으로써 감정 기억을 증강시키면, 외우려는 노력 없이도 기억에 정착시킬 수 있다는 얘기가 된다. 이것이 바로 '감정조작 기억법'이다.

긴장감을 아군으로 만들어라

적당한 긴장감 VS. 극도의 긴장감

모의고사에 나왔던 문제가 수능에 출제된다면 '어, 이거 똑같은 문제잖아' 하고 금방 알아볼 수 있을 것이다. 평소에 풀었던 문제보다 '모의고사에 나왔던 문제'가 기억에 잘 남아 있는 이유는 '적당한 긴장감' 때문이다.

적당한 긴장 상태가 되면 뇌 속에서 노르아드레날린이라는 물질이 분비된다. 노르아드레날린은 편도체나 해마에서 다른 신경전달물질이나 호르몬 등과 상호작용하여 장기기억 형성을 촉진시킨다. 장기기억을 형성하는 데 매우 중요한 뇌내 물질인 셈이다.

긴장감을 '적'으로 생각하는 사람도 많을 테지만, 사실 적당한 긴장감은 우리의 아군이다. 게다가 노르아드레날린은 '작업기억'과도 밀접한 관계를 가진다. 안절부절 어쩔 줄 몰라 하는 것은 노르아드레날린이 과잉 분비되어 작업기억이 제대로 작용하지 못하게 된 상태를 말한다. '적당한 긴장감'을 넘어서 '극도의 긴장감'에 빠지면 머릿속이 새하얘지면서 뇌 활동이 급격하게 저하된다.

결론적으로 긴장감이 적당히 있는 상태에서는 뇌 활동이 활발해지지만, 긴장이 지나치면 오히려 뇌 활동이 저하된다는 것이다. 이것은 심리학 실험을 통해서도 증명되었는데 '여키스-도슨 법칙^{Yerkes-Dodson} law'이라고 한다.

심리학자인 여키스와 도슨은 실험쥐가 검은색과 흰색을 구분할 수 있도록 훈련시켰다. 두 색깔을 구분하지 못하면 전기충격을 가했는데, 전기충격의 강도를 높일수록 정답률이 올라갔다. 그런데 어떤 강도 이상으로 높였을 때는 오히려 정답률이 떨어졌다는 것이다.

이 실험을 통해 스트레스가 적절할 때 학습 능력이 최고조에 달하며, 스트레스가 너무 약하거나 너무 강할 때는 학습능력이 떨어진다는 사실이 밝혀졌다. 스트레스나 긴장감, 벌칙 등의 불쾌한 요소가 적당히 개입되면 학습능력을 높일 수 있다는 의미다.

긴장은 기억을 위한 절호의 기회

그러면 구체적으로 '적당한 긴장 기억법'이란 어떤 것일까?

"이번 모의고사 어떻게 할 거야?" "준비를 못해서 이번엔 패스할 예정이야."

학생들끼리 흔히 하는 대화다. 그런데 모의고사가 현재의 실력을 측정하고 본 시험에 익숙해지기 위한 수단만은 아니다. 앞서 말했듯 '적당한 긴장감'은 기억력을 눈에 띄게 향상시킨다. 약간의 긴장감은 있지만 본 시험만큼은 긴장하지 않아도 되는 모의고사는 '적당한 긴장감'을 제대로 맛볼 수 있는 기회다.

그래서 모의고사에 나왔던 문제, 모의고사에서 틀린 문제는 머릿속에 강렬하게 남게 된다. 설령 준비가 덜 되었더라도 모의고사는 적극적으로 보는 것이 좋다.

회사에서도 마찬가지다. "이번 사내 스터디모임에서 발표를 맡아줄 수 있겠나?" 상사가 이렇게 제안했을 때 바쁘다고 거절하는 사람이 많을 것이다. 하지만 이것은 성장할 수 있는 기회를 내팽개쳐버리는 것이나 다름없다.

스터디모임에서 발표한다고 급여가 오르는 것도 아닌데, 무엇 하러 사서 고생을 하냐고 생각해서는 안 된다. 많은 사람들 앞에서 발표해야 하니 꽤 부담스럽겠지만 준비하는 동안 읽은 자료나 문헌은 생생히 머리에 남을 것이다. 어떤 질문이 날아올지 모르고, 질문에 답하지 못하면 크게 창피를 당할 게 뻔하다. 하지만 그런 부담감이 기억력을 활성화해서, 결과적으로 발표를 마친 여러분은 크게 성장해 있을 것이다.

의사들의 세계에서 학회 발표는 일상적인 일이다. 하지만 새내기 의사들은 대부분 학회 발표를 꺼린다. 30~50권쯤 되는 관련 논문을 꼼꼼히 읽어야 하고, 그 분야의 전문가들이 날카로운 질문을 퍼부을 것에 대비해 철저히 공부해야 하기 때문이다. 하지만 신기하게도 학회 준비를 위해 읽은 논문들은 몇 년이 지나도 뇌리에 단단히 박혀 있다.

이처럼 사람들 앞에서 발표하거나 시험을 보는 것은 불안과 긴장감이 따르므로 모두가 피하고 싶어 한다. 하지만 '사람들이 꺼려하는 포인트'가 바로 지식과 경험을 폭넓게 만들어주는 기회가 된다.

지나친 긴장의 역효과

기억을 위해서는 가벼운 긴장감이나 적당한 스트레스가 있는 편이 좋다. 그러나 이것이 지나치면 오히려 역효과가 난다. 앞서 말했듯이, 심한 스트레스는 학습효과를 떨어뜨릴 뿐 아니라 '상기', 즉 떠올리는 것을 방해할 수도 있다.

평소 학교 시험은 잘 보는데 모의고사나 수능시험에서 실력을 발휘하지 못하는 학생들이 있다. 발표하기 전에 몇 번이나 연습을 하면서 만반의 준비를 했는데 정작 무대 위에 서니 머릿속이 하얘지고 아무 생각도 나지 않았다는 직장인도 있다.

이처럼 긴장이 극도에 달한 상태에서는 노르아드레날린이 다량으로 분비된다. 노르아드레날린이 지나치게 작용하면 '작업기억'의 활동을 저하시킨다. 머리 회전이 둔해지고, 사고력이 떨어져 아무것도 생각할 수 없는 상태가 되는 것이다.

시험범위에 나오는 모든 내용을 달달 외웠다 해도, 외운 내용을 떠올리지 못한다면 아무 소용이 없다. 이렇게 '긴장으로 인해 기억하지 못하는' 사태를 막으려면 어떻게 해야 할까? 긴장이 느껴지는 자리나 상황에 익숙해지는 방법뿐이다.

수험생의 경우라면 본 시험과 유사한 환경에서 치르는 '모의고사'가 효과적이다. 본 시험과 같은 환경, 같은 시간 배분으로 시험을 본 경험이 많은 사람과 전혀 없는 사람의 긴장감은 완전히 다르다.

발표할 때 지나치게 긴장하는 직장인이라면 사람들 앞에서 말할 기회를 적극적으로 받아들이자. 그것이야말로 긴장에 익숙해지는 유일한 방법이다.

긴장을 2분 만에 없애는 방법

평소에 긴장 상황에 익숙해지는 경험을 쌓았다 해도, 막상 본 시험이나 발표 당일이 되면 말할 수 없는 긴장감을 느끼게 될 것이다. 그럴 때 도움이 되는 것이 '심호흡'이다. 뇌과학적으로 보더라도 심호흡이 주는 긴장 완화 효과는 다른 것과 비할 바가 없다.

긴장하면 호흡이 빨라지면서 심장이 두근거린다. 심장이 뛰는 속도는 스스로 조절할 수 없지만, 호흡의 속도는 조절할 수 있다. 20~30초에 걸쳐 코로 천천히 숨을 들이마시고 다시 20~30초를 들여서 코로 천천히 숨을 내쉰다. 이 동작을 3회 반복한다. 이것만 해도 긴장이 상당히 완화된다.

호흡이 빨라지고 심장이 두근거리는 것은 교감신경이 우위에 있기 때문이다. 심호흡을 통해 감정을 완화하는 '부교감신경'을 활성화시키면 긴장이 해소되는 것이다.

심호흡의 긴장 완화 효과는 탁월하다. 긴장할 때 심호흡 하기를 평소 습관으로 만들자. 그렇지 않으면 극도로 긴장해서 '심호흡을 해야 된다'는 사실조차 잊어버리게 된다.

잠재된 괴력 기억법

궁지에 몰렸을 때 분비되는 뇌내 물질

'여름방학 마지막 날, 거의 손대지 못했던 숙제를 단 하루 만에 끝냈다.' 누구나 이런 경험이 있을 것이다.

'이렇게 하루 만에 끝낼 수 있었다면 여름방학 첫날에 해놓고 마음 편히 쉬었으면 좋았을 텐데'라고 생각하겠지만 그런 일은 절대 일어나지 않는다.

막다른 골목에 다다랐을 때 자신도 예상치 못한 '잠재된 괴력'이 발휘되는데, 이는 뇌과학적으로도 충분히 설명할 수 있다. 인간이 궁지에 몰리면 노르아드레날린이라는 뇌내 물질이 분비된다. 노르아드레날린은 주의력, 집중력을 높여주는데, 그 결과 사물을 재빨리 판단할수 있게 되고 그와 동시에 기억력, 학습 능력, 작업 수행 능력 등 대부분의 뇌 기능이 향상된다.

막다른 길에서는 아드레날린이라는 물질도 분비되어 근력, 순발력, 심폐 기능을 높여준다. 집에 불이 나자 할머니가 옷장을 짊어지고 피신했다는 이야기가 완전히 우스갯소리는 아닐 것이다. 위기 상황에서 분비되는 노르아드레날린은 뇌의 능력을 높이고, 아드레날린은 신체 능력을 높인다.

노르아드레날린이나 아드레날린은 사람이 공포, 불안, 긴장을 느낄 때 분비된다. 원시인들은 맹수와 맞닥뜨린 순간, '싸울지 도망갈지'를 순간적으로 판단해야 목숨을 지킬 수 있었을 것이다. 그렇게 아주 오래 전부터 위기에 몰린 인간의 뇌에서 분비되는 물질이 노르아드레날린과 아드레날린이다.

흥미롭게도 노르아드레날린이 분비되면 주의력이나 집중력뿐 아니라 기억력도 함께 높아진다. 그래서 기억법이라는 측면에서 보면 '위기에 몰린 상태'에서 기억하는 것은 대단히 효과적이다.

'잠재된 괴력 기억법'을 직장인이 응용하면 어떻게 될까? 대부분의 업무에는 '마감'이나 '납기'라는 것이 있다. 마감이나 납기를 반드시 지키기로 마음먹었다면 '잠재된 괴력 기억법'이 발휘되어 업무능력이나 기억력이 증진될 것이다.

나는 마감을 칼 같이 지키는 저자로 알려져 있다. 작가들 중에는 마감이 코앞에 닥치면 그때서야 '일주일만 연기해 달라'고 하는 사람이 있는데, 그러면 '잠재된 괴력'은 발휘되지 않는다. 처음부터 절박한 마음이 되지 않으면 노르아드레날린이 분비되지 않는다는 말이다. 결국 마감일도 지키지 못하고 효율도 오르지 않아 시간만 질질 끌게 된다.

'반드시 마감을 지키겠다'고 마음먹으면 개학 하루 전의 아이들처럼 굉장한 업무능력을 발휘할 수 있다.

제한시간으로 업무능률 올리기

스스로 마감을 정하는 제한시간 기억법

살다 보면 항상 마감이 정해진 일만 하는 것이 아닌데, 어떻게 '잠재된 괴력'을 발휘할 수 있을까?

스스로 마감을 정해 시간을 제한하는 방법으로도 가벼운 긴장 상태를 만들어낼 수 있다.

'이 기획안은 반드시 오전 중에 작성한다!' 이렇게 의도적으로 마감을 정해 놓으면, 노르아드레날린이 분비되어 집중력이 향상되고 마치 게임을 하듯 즐겁게 일할 수 있다. 이처럼 목표를 명확히 설정하면 도파민이 분비되어 집중력 향상이나 기억력 증강에도 효과를 얻을 수 있다.

야근할 때도 '이 일이 끝나면 가야지'라고 생각하기보다 '반드시 9시까지 끝내겠다'라고 목표를 정하는 것이 좋다.

그렇게 생각만 해도 업무효율이 높아지기 때문에 10시에 끝날 일을 9시에 끝내게 되는 것이다. 이렇게 일할 때든 암기할 때든 시간을 제한하는 편이 좋다.

나는 컴퓨터의 타이머 앱을 즐겨 사용한다. '10분 만에 끝내겠다'라고 마음먹었으면 타이머를 10분에 설정해두고 카운트다운을 한다.

그것만으로도 진짜 게임을 하는 기분이 되어 즐겁게 일할 수 있다.

또 'To Do List' 항목을 쓸 때도 각 항목마다 30분이나 60분 등으로 제한시간을 써놓거나 '13일까지'처럼 종료 시간을 메모하도록 한다. 이렇게 시간을 정해놓지 않으면 일을 질질 끌게 된다.

'잠재된 괴력'을 과용하면 우울증이 생긴다

'잠재된 괴력'의 원천인 노르아드레날린을 사용할 때는 주의가 필요하다. 매일, 매주 마감에 쫓겨 느긋하게 지낼 수 있는 여유가 전혀 없다면 스트레스가 이어지고 자칫 우울증에 빠지기 쉽기 때문이다.

뇌과학적으로 우울증은 노르아드레날린의 부족 상태를 말한다. 스트레스가 쌓이면 '긴급 원조물질'인 노르아드레날린이 분비되지만, 이런 상태가 날마다 계속되면 노르아드레날린이 고갈된다. 우울증은 바로 그런 상태를 말하는 것이다.

나도 원고 마감일 일주일 전부터는 초집중, 초긴장 상태가 된다. 하지만 원고를 다 완성한 후에는 1~2주 정도 여행을 하면서 충분한 휴식을 취한다.

공부든 업무든 완급을 조절하면서 효율을 최대한 높이도록 하자.

스트레스 제로, 즐거운 술술 기억법

코티솔이 뇌 기능을 떨어뜨린다

단기간의 스트레스는 각성제와 같은 긴장 효과를 주어 뇌 기능을 다각도로 향상시킨다. 하지만 스트레스가 장기화되면 뇌에 나쁜 영향을 미치게 된다. 작업기억과 장기기억이 떨어질 뿐 아니라 집중력이나 학습능력도 저하되는 것이다.

그렇다면 왜 스트레스는 뇌의 능력을 떨어뜨리는 걸까?

스트레스가 쌓이면 부신피질에서 코티솔이라는 스트레스 호르몬이 분비된다. 그런데 기억을 임시로 보관하고, '단기기억'을 '장기기억'으로 바꾸는 역할을 하는 '해마'에는 코티솔 수용체가 다량 분포되어 있다.

코티솔은 기억을 저장하는 뉴런의 네트워크를 단절시키는 동시에 해마에서 새로운 뉴런이 만들어지는 작용을 멈추게 한다. 단기기억이나 장기기억은 물론 새로운 학습 기능마저 방해하는 것이다.

가끔 우울증 환자에게 '기억장애'가 나타나기도 한다. 병이 치료된 후, 그들에게 심한 우울 증상을 겪었을 당시의 상황에 대해 물어보면 '전혀 기억이 나지 않는다'고 답하는 경우가 있다. 코티솔이 해마에 악영향을 미쳐 중증 기억장애를 일으킨 것이다.

스트레스는 뇌세포를 파괴한다

강도가 높은 스트레스가 오래 이어지면 코티솔에 의해 해마는 심각한 손상을 입고, 급기야 해마의 세포가 죽어버린다. 이런 사실은 PTSD(외상 후 스트레스 장애) 환자를 대상으로 실시한 많은 연구에서 밝혀졌다.

일본 센다이 시내에 사는 대학생 37명을 대상으로 후쿠시마 지진이 일어나기 전부터 실험이 진행되었다. 그런데 지진 발생 전과 발생 1년 후의 해마 크기를 비교했더니, 오른쪽 해마의 체적이 약 5퍼센트 줄었다는 사실이 확인되었다. 지진으로 인한 스트레스가 해마의 신경세포를 파괴한 것으로 보인다.

베트남 전쟁에서 귀환한 군인을 대상으로 한 미국의 연구에서도 해마가 극단적으로 위축된 현상이 관찰되었는데, 이 또한 스트레스의 영향이라 생각할 수 있다.

또 유아기에 학대 받은 경험이 있는 사람에게서도 이와 비슷한 현상이 관찰된다.

장기적 스트레스는 해마를 위축시키고 해마의 세포를 죽인다. 지진이나 전쟁 등 극단적인 사례가 아니더라도 마찬가지다. 학업 스트레스나 직장 내의 스트레스로도 코티솔의 분비는 증가한다. 기억력이나 학습능력을 높이려면 평소에 스트레스가 쌓이지 않도록 생활하고, 자신만의 스트레스 해소법을 만들어야 한다.

즐기면서 쉽게 기억하는, 술술 기억법

공부를 못하는 이유가 정말 머리가 나빠서일까? 물론 그렇지 않다.

IQ는 스무 살이 지나서도 계속 높일 수 있기 때문에 '머리가 나쁘게 태어나서'라는 변명은 해당되지 않는다. 솔직히 말해 공부를 못하는 이유는 '공부를 싫어하기' 때문이다.

이 말을 듣고 인과관계가 거꾸로 되었다고 생각하는 사람도 있을 것이다. 공부를 못하니까 공부를 싫어하게 되었다는 논리다. 하지만 그것 역시 틀렸다.

하기 싫은 공부를 억지로 하면 기억에 남지 않는다. 즐겁게 공부하면 그것만으로도 기억에 남는다. 주변을 살펴보라. 공부를 못하는 사람들 대부분은 마지못해 공부하므로 아무리 책상에 오래 앉아 있어도 성적이 오르지 않는다.

오사카 마리코는 《건망증의 뇌과학—최신 인지심리학이 밝힌 기억의 불가사의》라는 책에서 문장을 읽으면서 단어를 기억하는 '리딩 스팬 테스트 reading span test'를 소개했다. '긍정적 문장'과 '부정적 문장' 그리고 '이도 저도 아닌 중립적 문장'을 읽고 그 문장 속에 들어 있는 단어를 외우게 한 것이다.

시간이 지나서 각 문장에 포함된 단어를 어느 정도 외우고 있는지 조사한 결과, 긍정적 문장에 포함된 단어를 가장 잘 기억하고 있다는 사실을 알게 되었다. 긍정적 문장은 즐거운 기분을 불러일으킨다. 즐겁다는 감정이 실제로 기억력을 증강시킨 것이다.

'즐겁다'고 생각하면 기억력을 증강시키는 '도파민'이 분비된다. 반면 '괴롭다'고 생각하면 스트레스 호르몬인 '코티솔'이 분비된다. 코티솔의 양이 아주 적다면 기억력을 증강시키는 작용을 하지만 날마다 괴롭고 힘든 일이 이어지면 해마에 악영향을 미치게 되어 기억력이 저하된다.

IQ가 똑같은 사람 두 명이 있다고 해보자. A는 외국어 과목을 아주 좋아하고 B는 아주 싫어한다. 이 두 사람에게 50개의 낯선 외국어 단어를 암기하게 하면 어느 쪽이 더 좋은 성적을 낼까?

A는 즐거운 마음으로 단어를 암기하고, B는 괴로워 견딜 수 없을 것이다. 누구의 성적이 더 좋을지는 불을 보듯 뻔하다.

어떤 것을 기억할 때는 '머리가 좋냐 나쁘냐'보다 '즐겁게 할 수 있느냐 없느냐'가 훨씬 중요하다. 그러므로 공부는 즐거운 마음으로 하는 것이 중요하다. 즐겁다는 생각만 해도 도파민이 기억력을 높여주어 우리를 응원할 것이다. IQ를 높일 수는 있지만 하루아침에 되는 일은 아니다. 하지만 마음을 바꾸는 것은 지금 당장이라도 할 수 있다.

지긋지긋한 공부가 좋아진다?

즐겁게 공부하려면 어떻게 해야 할까? 앞에서 말한 '타이머 기억법'이나 '대전성적 기억법' 등을 이용해 공부를 게임처럼 만들면 될 것이다.

누구나 '잘하는 과목'이 있으면 '못하는 과목'이 있다. 잘하는 과목을 80점에서 90점으로 올리는 것보다 못하는 과목을 50점에서 70점으로 올리는 편이 더 쉽기 때문에, 교사나 학원 강사들은 '단점 극복' 전략을 추천한다. 하지만 이 방법을 쓰면 못하는 과목이 더 싫어질 수도 있다.

따라서 공부를 좋아하는 사람에겐 '단점 극복' 전략이 좋지만, 공부를 싫어하는 사람에겐 '장점 향상' 전략을 쓰는 편이 좋다. 먼저 잘하는 과목을 공부하면서 '공부의 재미'를 체험하게 해야 한다. 공부를 싫어하는 사람이라도 자신이 잘하는 과목을 공부할 때는 덜 괴로울 것이다.

그렇게 점점 자신감을 붙여 싫어하는 과목에 도전하도록 하자. '억지로'가 '즐겁게'로 변하면 도파민이 분비되기 시작하고, 기억력이 좋아져 시험 성적도 향상된다.

공부는 즐겁게 하자! 즐기면서 공부하면 틀림없이 기억력과 성적이 상승 모드로 들어갈 것이다. 이것이 바로 '술술 기억법'이다.

기억은 매너리즘을 싫어한다

진화의 관점에서 본 호기심의 효과

"단골집에 가서 항상 먹던 걸로 먹자."

"근처에 식당이 새로 생겼는데 거기로 가는 게 어때?"

당신은 도전을 피하는 편인가, 즐기는 편인가?

뇌과학적으로 보면 도전정신을 가진 사람, 즉 호기심이 강한 사람이 기억력이 좋다. '호기심'은 기억력을 증강시키고, '매너리즘'은 기억력을 저하시킨다. 기억력과 밀접한 관계가 있는 감정이 바로 '호기심'이다.

예를 들어 점심을 먹으러 간다고 해보자.

처음 가보는 식당에 들어가 처음 맛보는 메뉴에 도전한다. 그럴 때 해마에서는 '세타(θ)파'라는 뇌파가 발생하는데, 이때 기억력이 증강된다. 세타파는 우리가 기억하려고 할 때 해마가 최상의 능력을 발휘할 수 있게 해주는 주파수를 말한다.

평소에 호기심과 탐구심이 많은 사람은 해마에서 세타파가 자주 발생하고 그 결과 기억력이 증강되는 것이다. 진화론적으로 생각해보자.

모든 생물은 새로운 환경에 접했을 때, 또는 새로운 적과 마주쳤을 때 생존하기 위해 그 장소나 상황을 분명히 기억해두려는 기제를 발동시킨다. 인간의 뇌는 익숙한 상황보다는 '새로운 상황'을 더 잘 기억하도록 진화되었다.

평소에 새로운 것에 도전하려는 마음가짐을 가지자. 자신의 호기심을 믿고 살자. 그것이 기억력을 높이는 중요한 습관이 된다.

장소를 바꾸기만 해도 해마가 활성화된다

노벨상이 알려준 '장소 세포'의 비밀

　나는 오전 시간에 카페에서 글을 쓴다. 오후 2시쯤 나가서 점심을 먹고, 다시 2시간 정도 글을 쓴다. 그 후 다른 카페로 자리를 옮겨 몇 시간 동안 작업을 계속한다.

　보통은 3시간쯤 집중하면 효율이 떨어지지만, 장소를 바꾸면 집중력을 처음 상태로 되돌릴 수 있다. 몇 시간을 계속해도 힘들이지 않고 집필을 이어갈 수 있는 것이다.

　카페에 가면 학생들이 교재나 문제집을 펼쳐놓고 공부하는 모습을 흔히 볼 수 있다. 집이나 사무실을 벗어나면 공부나 업무가 잘 된다는 사람들이 있는데 이것은 사실이다. 장소의 이동이 해마를 활성화시키기 때문이다.

　뇌 속의 해마는 '기억', '학습', '정보처리'와 깊이 연관되어 있다. 그런데 해마에는 '장소 세포'라는 것이 있어 장소를 이동하면 그 세포가 자극 받아 세타파를 발생시킨다. 앞에서 설명했듯 세타파는 기억력을 높여주는 주파수다. 즉, 장소를 이동하기만 해도 해마가 활성화되어 기억력이 향상된다. 이는 획기적인 발견이다.

　참고로 '장소 세포'를 발견한 존 오키프 박사와 그의 공동 연구자는

2014년도 노벨 생리 · 의학상을 수상했다.

캔커피를 뽑으러 가기만 해도 기억력이 좋아진다

일반 샐러리맨들의 입장에서는 '장소 세포'를 자극하기 위해 이리저리 옮겨 다니며 일을 한다는 것이 쉽지 않다. 그럴 때는 잠시 휴게실의 자동판매기까지 걸어가서 캔커피를 뽑아오기만 해도 장소 세포를 자극할 수 있다.

또는 비어 있는 회의실을 이용하는 방법도 있다. 이동할 때는 엘리베이터를 타지 않고 계단을 이용하는 것이 좋다. 사무실 안을 이리저리 돌아다니거나 화장실에 다녀오는 것도 괜찮다. 이렇게 사소한 장소의 이동으로도 해마를 활성화시킬 수 있다.

장소 세포는 장소를 바꾸기만 해도 자극을 받는데, 그때 입력되는 정보량이 많을수록 자극의 강도가 커진다. 따라서 실내보다는 야외를 걷는 것이 좋고, 한 번도 가보지 않은 곳을 가는 것이 더 효과적이다.

새로 생긴 식당에서 점심을 먹는다는 것은 '호기심'이라는 측면뿐 아니라 '장소 세포'라는 측면에서도 효과적이다. 여행은 지금까지 본 적 없는 풍경을 연속해서 접할 수 있는 기회이므로 장소 세포를 강하게 자극한다.

해마가 제일 싫어하는 것은 '매너리즘'이다.

같은 장소에서 같은 업무를 오랜 시간 계속하는 것은 기억이나 학습효율, 업무효율을 크게 떨어뜨리므로 가급적 피하는 것이 좋다.

기억은 조작할 수 있다! 덧씌우기 기억법

영화 '인셉션'의 충격

나는 레오나르도 디카프리오가 주연한 영화 '인셉션'을 보고 강렬한 충격을 받았다. 인간의 꿈속에 들어가 '기억을 이식한다'는 내용이었기 때문이다. SF영화라 상상력이 가미되긴 했지만, 기억의 이식이 전혀 불가능한 일은 아니다. 사실 우리는 지금도 자신의 입장에 맞게 스스로의 기억을 선택하거나 바꿔치기 하고 있다.

예를 들어보자. 학창시절 괴롭힘을 당한 쪽은 자신이 당한 일을 평생 잊어버리지 못하지만, 괴롭힌 쪽은 금세 잊어버린다. 어려서 끔찍한 가정폭력을 당했는데 성인이 되어 그것을 전혀 기억하지 못하는 경우도 있다. 너무 괴로운 기억을 스스로 묻어버린 것이다. 우리는 이렇게 '기억'을 스스로 선택한다. 기억을 덧씌우거나 삭제하는 것도 마음대로 할 수 있다.

자신의 과거가 즐거운 기억으로 가득하다면 행복한 인생이고, 괴롭고 힘든 기억으로 채워졌다면 불행한 인생이다. 똑같은 인생을 살았더라도 어떤 기억을 하고 있느냐에 따라 행복한 사람이 되기도 하고 불행한 사람이 되기도 한다.

중요한 것은 우리가 자신의 기억을 스스로 선택할 수 있다는 사실이다. 이 장의 마지막은 스스로 기억을 바꿀 수 있는 '이식 기억법'에 대해 설명하기로 하겠다.

즐겁고 행복한 체험의 효과

여러분은 '행복한 삶'과 '불행한 삶' 중 어느 것을 선택할 것인가?

말도 안 되는 질문이라 생각하겠지만, 무의식중에 불행한 삶을 선택하는 사람들이 있다. 오해를 무릅쓰고 말하자면 정신질환을 앓는 일부 환자들이 바로 그런 경우다.

정신의학과 병동의 환자들은 자기 스스로 '괴롭거나 힘든' 체험의 이식을 하고 있다. 과거를 돌아보면 오로지 괴로운 추억뿐이라면 어찌 병이 생기지 않을 수 있겠는가? 2주 만에 외래진료를 받으러 온 환자들은 2주 동안 힘들었던 일, 몸이 괴로운 증상을 열심히 얘기한다.

훌륭한 의사라면 환자의 괴로운 이야기를 진지하게 들어줘야 한다고 생각할지 모르지만 사실은 그렇지 않다. 환자가 털어놓는 괴로운 이야기만 듣고 진료를 끝낸다면, 결국 그 체험은 환자에게 더 깊이 이식되어버린다. 열심히 들어주는 것이 오히려 증상을 악화시킬 수도 있는 것이다.

나도 물론 진료를 할 때, 환자에게 힘들었던 것이 무엇인지 묻는다. 하지만 적당한 선에서 이야기를 끝내고 지난 2주 동안 즐거웠던 일, 뭔가를 스스로 할 수 있었던 경험, 예전에 비해 개선된 점 등을 말하게 한다. 그리고 마지막은 이렇게 마무리 짓는다. "조금씩 증상이 개선되고 있는 게 확실하군요."

환자가 괴로운 체험을 끄집어내어 '언어화' 하면 그것은 기억의 강화로 이어진다. 괴로운 이야기를 하면서 스스로 '내 상태는 안 좋아.

내 몸은 전혀 나아지지 않았어'라는 생각을 하게 되는 것이다.

따라서 환자가 괴로운 체험을 이야기한다면 그 이상으로 즐거운 경험을 얘기하도록 유도해야 한다. 그러면 환자는 '나는 점점 좋아지고 있어'라고 안심하며 웃는 얼굴로 진료실을 나갈 수 있다.

고민을 말할수록 스트레스가 증가된다

나는 항상 카페에서 작업을 하는데, 그곳에서 본의 아니게 다양한 사람들의 이야기를 듣게 된다. 그중에서도 여성들이 자신의 실연 경험에 대해 말하는 것을 종종 듣는다. 갑자기 헤어지자는 남자친구의 통보에 절망의 나락으로 떨어진 여성과 그 이야기를 들어주는 친구, 거의 두 시간 내내 같은 이야기를 되풀이하지만 결론이 날 리가 없다.

하소연을 하던 여성은 조금은 분이 풀렸다는 표정으로 카페를 나간다. 그것으로 그녀의 스트레스가 깨끗이 사라졌으면 좋겠지만, 아마 그녀는 다음날 또 다른 친구에게 똑같은 이야기를 늘어놓을 것이다.

많은 사람들이 자신의 실연 경험을 다른 사람에게 털어놓음으로써 마음의 상처를 달랠 수 있다고 생각하지만, 그것은 사실이 아니다.

오늘은 A에게 실연당한 이야기를 한다. 사흘 후에는 B를 만나 똑같은 이야기를 한다. 다음 주엔 C를 찾아가 괴로운 사연을 늘어놓는다.

앞에서 설명한 '137 기억법'을 떠올려보자. 1주일 이내에 3회를 복습하면 쉽게 기억된다는 원칙이다. 친구에게 자신의 실연 경험을 이야기하는 것은 '복습'에 해당된다. 앞에서 예를 든 여성은 이 '137 기억법'의 타이밍으로 친구에게 자신의 경험을 얘기했다. 괴로운 추억은 생생하고 완벽하게 뇌리에 박혀버릴 것이다.

여성들은 대개 이야기하기를 좋아하기 때문에 상대가 바뀌면 같은 이야기를 몇 번이고 반복해서 하는 경향이 있다. 본인은 '스트레스 해소'라고 생각할지 모르지만, 이것은 완전히 역효과를 불러일으킨다. 겨우 아물기 시작한 상처를 덧나게 하는 일이나 다름없다. '슬픈 체험의 이식'을 자기 스스로 실행하고 있는 것이다.

'괴로운 체험' 이야기는 단 한 번에 끝낸다

살다 보면 괴로운 체험을 속 시원히 털어놓음으로써 마음의 부담을 덜고 싶을 때가 있다. 그럴 땐 어떻게 해야 할까? '딱 한 번만 얘기하고 그 다음엔 잊어버리자'라는 원칙을 지키면 된다.

오늘 회사에서 큰 실수를 저질렀다. 그럴 때는 직장동료와 함께 술을 마시며 그 이야기를 처음부터 끝까지 남김없이 풀어버리자. 그것을 끝으로 깨끗하게 머릿속에서 지워버리면 된다. 다음날 그 이야기를 되풀이하는 것은 절대 금물이다.

'잊기 위해 술을 마신다'는 사람들은 비난받기 일쑤지만, 그것이 완전히 엉터리는 아니다. '술'이 어느 정도는 기억력을 떨어뜨리기 때문이다. '괴로운 체험'을 이야기할 때 술이 더해지면 '기억의 저하 효과'에 도움이 된다. 남김없이 모조리 이야기하더라도, 술의 힘에 의해 강렬하게 기억에 남게 되는 위험이 줄어든다는 얘기다.

술의 힘도 빌려가며 '괴로운 체험'은 딱 한 번만 이야기하고 그것으로 깨끗이 잊어버리자. 나는 이것을 '1회법'이라고 부른다. 이 방법은 효과가 확실하지만, 평소에 습관이 되어 있지 않으면 실천하기 어렵다는 단점이 있다.

SNS를 이용해 행복해지는 방법

이제까지 괴로운 추억을 잊어버리는 방법에 대해 설명했는데, 그렇다면 반대로 '즐거운 기억'을 머릿속에 이식하는 방법은 없을까?

있다. 그리고 아주 쉽다. 오늘 있었던 즐거운 일을 SNS에 올리는 것이다! 친구와 가진 즐거운 술자리, 맛있는 음식, 여행지에서 본 아름다운 풍경들, 엄청나게 감동적인 체험이 아니어도 좋다. '소소한 즐거움'을 느낀 체험으로도 충분하다.

SNS에 실린 다른 사람의 글이나 행복한 장면들을 보면 화가 난다는 사람도 있다. 나보다 행복한 사람, 나보다 성공한 사람, 나보다 돈을 잘 버는 사람이라면 같은 나라 안에서만 찾아도 몇 천 명, 몇 만 명이 넘을 것이다. 그런 사람을 만날 때마다, 또 그런 사람의 글이나 사진을 볼 때마다 질투가 나고 속상하다면, 앞으로의 인생에서 얼마나 자주 그런 부정적 감정에 휘둘리게 될까?

"축하해. 잘됐다, 정말!"이라고 말할 수 있는 사람은 거기서 배우려는 마음이 자연스럽게 생겨난다. 무의식중에 자신도 '행복해 보이는 사람'에 점점 가까워지게 된다.

비뚤어진 시기나 질투의 반응을 보이는 사람은 거기서 배우려는 마음이 생겨나지도 않을뿐더러, 질투 그 자체에 쓸데없는 힘을 낭비한다. 악플을 다는 것이 대표적인 경우다. 그런 사람은 현재의 상황에서 벗어나기 어렵고 자기성장을 이룰 수 없다.

인터넷에 비방, 불만, 욕설 등을 올리는 행위를 통해 '부정적인 것'을 수집하는 재능만 키워갈 뿐이다. 결국 무슨 일을 하든 부정적인 것만 눈에 띄게 된다. 남의 불행에 주의를 집중시키면 결과적으로 자신의 불행을 찾아내는 데도 달인이 되는 것이다.

최근 일주일간 즐거운 일이 다섯 가지, 괴로운 일이 다섯 가지 있었다고 하자. 여러분에게 그 일주일은 행복한 일주일인가?

즐거운 일 다섯 가지에 집중하는 사람은 '굉장히 행복한 일주일'이라고 느낄 것이다. 하루에 한 번 SNS에 즐거운 경험을 올리는 사람은 '즐거운 일 찾기'의 달인이 되어 삶이 행복하다. 하루에 한 번 '비방, 중상, 불만, 욕설'을 올리는 사람은 괴로운 일을 찾는 데 익숙해져 '내 인생은 왜 이렇게 불행한 일밖에 없지?'라고 생각하게 된다.

오늘 있었던 즐거운 일을 SNS에 올리기만 해도 자신의 긍정적인 기억을 이식할 수 있다. 그것이 습관이 되면 사고방식이나 행동까지 긍정적으로 바뀌게 된다.

페이스북은 누구에게나 동등하지만, 무엇을 올리느냐에 따라 거기서 얻을 수 있는 결과는 180도로 달라진다. 다음 장에서는 여러분의 삶을 긍정적으로 바꿔줄 SNS 사용법을 좀 더 자세히 설명하겠다.

뇌 안의 기억에 매달리지 않는
무한 기억법

: 기억 외재화 전략 & 소셜 기억법 :

'오시이 마모루' 감독의 애니메이션 영화 '공각기동대GHOST IN THE SHELL'를 본 적이 있는가? 가까운 미래에 인간이 전뇌화電腦化 되어, 목 뒤쪽에 달려 있는 플러그를 통해 네트워크에 접속한 후 방대한 정보를 타임래그time lag 없이 처리한다는 내용이 나온다. 즉, 네트워크상의 정보를 마치 자신의 뇌 속에 담긴 정보처럼 취급할 수 있다는 말이다.

나는 이 영화를 보고 "굉장하군!"이란 감탄사를 내뱉었다. 이 영화가 나온 시점은 1995년, 그러니까 최초의 32비트 윈도우인 '윈도우 95'가 발매되던 해였다. 심지어 이 영화의 원작 만화가 발표된 것은 1989년이다. 인터넷이 일반화되지도 않은 시대에 이런 상황을 설정했다니, 무척 놀라운 일이다.

영화가 발표된 지 20년도 더 지난 현재, 놀랍게도 '공각기동대'의 세계는 거의 현실화되었다고 할 수 있다. 우리는 스마트폰이라는 플러그를 가지고 다니며 지하철에서, 길에서, 화장실에서, 하루 24시간 내내 인터넷에 접속할 수 있게 되었다.

뇌에 직접 연결되지 않았다 뿐, 인터넷상의 정보를 마치 뇌 속의 정보처럼 사용할 수 있게 된 것이다. 네트워크상의 정보를 뇌의 정보처럼 활용할 수 있다면, 우리의 '기억력'은 사실상 무한해진다. 5장에서는 그런 전뇌電腦 기억의 활용에 대해 '기억 외재화 전략'과 '소셜 기억법'을 중심으로 설명하려고 한다.

검색할 수 있는 것은 기억하지 말라

기억한다는 것은 떠올린다는 것

'사람은 경험한 것의 99퍼센트를 망각한다'고 했지만, 어떤 계기가 있으면 많은 기억들을 떠올릴 수 있다. 오래된 앨범을 펼치고 수십 년 전의 사진을 바라보자. 까맣게 잊었던 고등학교 시절의 여름방학 중 하루가 선명하게 떠오를 수도 있다.

기억을 떠올리는 것, 즉 '상기'는 방해 받기 쉽지만 '기억 그 자체'는 뇌 깊은 곳에 꽤 오랫동안 공고히 유지된다. 따라서 중요한 것은 '기억의 색인'이다. 앨범의 사진, 혹은 예전에 쓴 독서 감상문, 메모나 필기 등이 훌륭한 색인이 될 수 있다.

기억에는 세 가지 단계가 있다. '기록(코드화)', '유지(저장)', '상기(검색)'가 그것이다. 알기 쉽게 풀어보면 '외우기', '반복해서 기억하기', '떠올리기'라고 할 수 있는데 기억에서는 '떠올리기'가 가장 중요하다. 아무리 '기록'되고 '유지'된 기억이라도 시험과 같은 중요한 상황에서 '상기'하지 못한다면 외운 것이라 할 수 없다.

일 년 전에 읽은 책의 내용을 그 자리에서 바로 이야기할 수 없을지 모른다. 하지만 예전에 자신이 쓴 '감상문'을 읽고 자세히 떠올릴 수 있다면 실질적으로 기억하고 있는 것이다.

만약 순간적으로 정보를 떠올릴 수 있다면 그것이 '뇌 안'이든 '뇌 밖'이든 상관없지 않을까? 스마트폰이나 컴퓨터를 통해 불과 몇 초 만에 검색을 통해 다양한 정보에 접속할 수 있는 현대인은 자신의 뇌가 네트워크에 접속된 것이나 다름없다. 이런 상황에서 방대한 시간과 노력을 들여 뇌 속에 정보를 집어넣기 위해 노력하는 것은 큰 의미가 없다.

시험과 같은 특별한 상황을 제외한다면 '뇌 밖'의 기억을 사용한다고 해서 문제가 되지 않는다. 대부분의 비즈니스 상황에서 그렇다. 이제 뇌 속에 저장하는 시대는 끝났다. '기억'하기보다는 '기록'하라!

SNS나 인터넷상의 정보를 자신의 기억처럼 활용하는 시대가 왔다. 기존의 '뇌내 기억'에만 매달리는 사람은 시대에 뒤처진 것이다. 다음 장에서는 기억을 '외재화外在化' 하는 5가지 전략에 대해 설명하겠다.

검색 가능한 정보를 기억하는 것은 시간과 노력 낭비

"구글로 검색하면 뭐든지 다 알 수 있어"라고 말하는 사람이 있지만, 구글의 검색 창에 뜨지 않는 것이 있다. 자신의 '체험'과 거기서 얻어진 '느낌'이다.

어떤 책을 읽었다면 책 속의 구체적 내용이나 통계 수치, 날짜 등을 기억할 필요는 없다. 하지만 '감상'이나 '생각'은 기록해두지 않으면 석 달 후 혹은 일 년 후에는 여러분의 기억 속에서 사라지고 만다.

인터넷상에 어떤 정보를 올릴지 모르겠다고 하는 사람들도 있다. 다른 사람이 인터넷에 올리지 않은 것, 즉 여러분의 체험이나 경험 또는 거기서 얻은 '느낌'을 쓰면 된다.

그런 글은 오로지 나만이 쓸 수 있는 유일무이한 콘텐츠이며 검색해도 찾을 수 없는 것이기 때문이다.

이렇게 자신의 '생각'을 기록하면 폭발적인 자기성장이 일어난다. 반대로 이런 '생각'을 잊어버리면 아무리 훌륭한 책을 읽고 굉장한 체험을 했다고 해도 자기성장으로 이어지지 않는다.

사회인이라면 더 이상 영어단어나 수학공식처럼 단순 암기에 매달릴 필요가 없다. 나만의 체험, 나만의 느낌을 기억하고, 그것을 자기성장을 위한 비료로 만드는 것이 중요하다. 그러기 위해서는 체험이나 경험을 '외재화' 해야 한다. 검색하면 바로 나오는 정보를 기억하느라고 뇌 용량을 낭비하는 일은 하지 말자.

'기록'하기만 해도 '기억'은 되살아난다

'느낌'을 1년 후에도 100퍼센트 기억하는 방법

기억이란 참으로 오묘하다. 여러분은 책을 읽고 한 달 후에 그 내용을 얼마나 기억하는가? 또 일 년 후에는? 아마 책을 읽은 직후에 알았던 내용의 90퍼센트 이상은 잊어버렸을 것이다. 며칠 걸려 책을 읽고 90퍼센트 이상을 잊어버리다니, 이 얼마나 효율성이 떨어지는 공부법인가?

그런데 책을 읽고 얻은 생각을 전혀 잊지 않고 100퍼센트 기억할 수 있는 방법이 있다. 게다가 방법 또한 매우 간단하다. 책을 읽으면서 밑줄을 긋거나 무언가 생각이 떠오를 때마다 여백에 메모하면 된다. 혹은 책을 읽은 후, 노트에 '마구 쓰기'를 하면서 자신의 생각이나 감상을 모두 남기고 마지막에 그것을 문장으로 정리하면 된다. 여기까지만 실천하면 책에서 얻은 나만의 중요한 생각이 100퍼센트 담긴 '감상문'이 완성된다.

그리고 1년이 지난 후, 자신이 읽었던 책의 내용을 떠올려보자. 아마 당장은 구체적인 내용이 떠오르지 않을 것이다. 하지만 자신이 쓴 '감상문'을 꺼내서 읽으면 순식간에 책을 읽었던 1년 전의 기억이 되살아난다.

"이런 책을 읽은 기억도 없고 이런 글을 썼다는 것도 기억이 안 나!" 일 년 전에 자신이 쓴 감상문을 읽고 이렇게 말하는 사람은 아마 없을 것이다.

영원히 기억에 남기는 방법

자신의 '체험', '느낌', '생각'을 머릿속이 아니라 자신의 외부에 기록한다. 이를 한 마디로 표현할 수 있는 말을 찾던 중 '외재화 externalization'란 말을 발견했다. '외재화'란 머릿속의 생각을 밖으로 꺼내어 기록하고 표현함으로써 스스로를 객관화 하는 행위다.

자신의 생각이나 아이디어, 깨달음, 순간적인 느낌을 메모하는 습관을 들이자. 책을 읽거나 영화를 보거나 여행을 떠나면 감상문을 쓰자. 그것이 바로 '외재화'다.

이 책에서 말하는 '아웃풋'과도 비슷한 개념이다. 아웃풋 하여 기록으로 남기는 것이 바로 '외재화'라 할 수 있다. 이 장의 포인트는 '외재화로 기억에 남기기'라고 할 수 있다.

가치로 표현할 수 없는 외재화의 6가지 장점

외재화를 통해 얻을 수 있는 이점은 무엇일까?

- 자신이 무엇을 생각하고 있는지 스스로 파악할 수 있다.
- 자신의 생각을 앎으로써 행동을 바꿀 수 있다.

– 자신이 생각하는 것에 대해 타인의 이해를 얻을 수 있다.

– 커뮤니케이션이 원활해지고 타자와의 공감대가 넓어진다.

– 자신의 생각을 물리적으로 보관 및 보존할 수 있다.

이처럼 외재화를 통해 자기를 통찰하고 타인의 이해와 공감을 불러일으킬 수 있다. 게다가 자신의 생각이나 체험이 기억 속에 깊이 새겨진다. 장점만 존재한다.

여러분이 아무리 멋진 생각이나 아이디어를 가지고 있어도, 아무리 풍부한 경험이나 지식을 쌓았다고 해도, 외재화 하지 않으면 아무도 그것을 이해하거나 평가해주지 않는다. 그리고 그 생각과 체험들은 하나둘씩 기억에서 망각되어 99% 사라지고 말 것이다.

반대로 여러분의 멋진 생각이나 아이디어, 또는 독창적인 경험이나 지식을 외재화 하면 자기성장이 가속화되고 타인으로부터도 인정받을 수 있다.

기억 외재화 전략 ❸

SNS를 제2의 뇌로 활용하기

모든 질문에 30초 내로 대답하는 것이 가능할까?

나는 유튜브에 '정신과 의사 가바사와 시온 채널'이라는 프로그램을 거의 매일 업데이트하고 있다. 하루에 2~3분 길이의 영상을 올리는데, 벌써 500편 이상이 올라가 있다.

매회 영상에는 관객들이 등장한다. 들어주는 사람이 있으면 이야기하기가 훨씬 편하기 때문이다. 가끔은 참가자들에게 질문을 받고 답을 해주는 형식으로 진행하기도 한다. 그런데 이 유튜브 영상에 참여한 사람들이 하나같이 놀라워하는 사실이 있다.

참가자들의 질문을 받은 후 30초 정도 생각한 다음 "준비되었습니다"라고 말하고 곧바로 촬영을 시작하기 때문이다. 재촬영을 하는 경우는 거의 없다. 30초 만에 3분짜리 영상에서 무슨 이야기를 할지 재빨리 정리한 다음, 즉석에서 기승전결을 갖춘 내용으로 말하기 시작한다.

불쑥 던지는 질문에 긴 시간 준비 없이 답변하는 것은 별로 대단한 일이 아니다. 사실 이제까지 한 번도 들어보지 못한 질문이 나왔던 적은 없다. 질문이나 고민, 의문점 등에는 일정한 형식이 있다. 사람들은 다들 비슷한 고민으로 괴로워하는 것이다.

나는 15년 이상 인터넷상에 정보를 올리고 있다. 메일 매거진을 3천 통 이상 발행했고, 페이스북에도 매일 글을 올리고 있다. 웹사이트에 올린 기사까지 합하면 총 5천 개 이상의 글을 썼을 것이다. 5천 개 정도의 질문에는 대답할 수 있게 되었다는 의미다. 또한 뇌 속에 5천 개의 'Q&A' 데이터베이스가 구축되어 있다는 뜻이기도 하다.

SNS를 외장 하드디스크로 삼는다

참가자들이 질문을 던지면, 나는 머릿속에서 '이 질문은 어디선가 들은 적이 있는데'라는 생각과 동시에 '검색'을 시작한다. 그러면 뇌의 데이터베이스에서 '예전에 메일 매거진에 쓴 내용', 혹은 '전에 출간한 책에 수록된 케이스'라고 걸리게 되어 있다.

한번 문장으로 정리한 내용이라 그것을 2~3분짜리 답변으로 요약하는 것은 간단한 일이다.

'5천 개의 데이터베이스를 전부 기억하고 있다니, 기억력이 대단하군'이라고 말하는 사람도 있겠지만, 평소에는 전혀 의식하고 있지 않다. 오히려 '잊어버렸다'고 하는 편이 맞을 것이다. 하지만 참가자가 질문하면 그것이 '기억의 색인'이 되어 그 질문과 끈으로 이어진 '과거의 콘텐츠'가 인출된다.

그리고 또 하나 중요한 것은 그 콘텐츠들이 전부 글의 형태로 인터넷에 올라가 있다는 사실이다. 그렇다고 해서 내가 컴퓨터로 직접 검색하는 것은 아니다. 신기하게도 자신이 쓴 글은 3초만 있으면 떠올릴 수 있다. '3개월 전에 메일 매거진에 쓴 내용'이라는 것까지 떠오르면, 모니터에 검색 결과가 표시되는 것처럼 머릿속에 생생히 되살아난다.

SNS나 메일 매거진에 올린 과거의 콘텐츠는 자신의 뇌와 직접 접속된 '외장 하드디스크'처럼 시간차가 거의 없이 이용할 수 있다. 즉, SNS나 인터넷상의 콘텐츠를 '제2의 뇌'처럼 활용할 수 있는 것이다.

모르면 검색하면 된다

사회인이라면 컨닝의 자유를 누려라

초등학교부터 대학교까지, 학생들이 치르는 시험은 대부분 기억력에 의존한 것이다. 시험 도중에 교과서나 자료를 본다면 '부정행위'로 여겨져 엄벌에 처해진다.

하지만 일단 사회인이 되면, 책이나 자료는 절대 보면 안 된다거나, 오로지 자신의 기억력으로만 해결해야 하는 상황은 거의 없다. 물론 승진시험이나 자격시험 등은 예외지만, 일상적인 업무를 할 때는 무엇을 보든 자유다. 이를테면 '컨닝으로부터의 자유'를 누리게 된다.

그런데 이상한 일이 있다. 학교 다닐 때는 컨닝의 충동이 그렇게 강했는데, 사회인이 되면서 그런 생각은 감쪽같이 사라지는 것이다.

"어제 나눠준 자료를 전혀 안 읽었군!"

"이런 기본적인 정보는 검색을 해서라도 숙지를 해야죠!"

사회인이라면 매뉴얼이나 책, 자료 등을 읽지 않은 탓에 눈물이 쏙 빠지도록 혼이 난 경험이 한 번쯤은 있을 것이다. 인간은 제멋대로인 동물이다. 참고서를 보면 안 되는 상황에서는 보고 싶어지지만, 뭐든지 다 볼 수 있는 상황이 되면 왠지 보고 싶지 않다.

기억력이 나빠서 학교 성적이 안 좋았던 사람에겐 꿈같은 상황이다. 모르면 찾아보면 되지 않는가? 사회인은 마음껏 컨닝할 수 있다! 우리는 이런 특권을 좀 더 즐겨야 하지 않을까?

머릿속에 '키친 스타디움'을 준비하라

어떤 주제에 대해 마음껏 자료를 찾아보고 보고서를 쓰라는 상사의 지시를 받았다고 해보자. 도대체 뭐부터 해야 할지 갈피를 못 잡는 사람들이 많다. 구글 검색창에 어떤 키워드를 입력해야 할지조차도 감이 잡히지 않는다. 평소에 인터넷으로 정보를 검색하거나 책을 읽는 습관이 들지 않은 사람은 자신이 원하는 정보를 어디에서 찾아야 할지 모르는 것이다.

반대로 일을 잘하는 사람은 언제나 준비가 되어 있다. 마치 머릿속에 '키친 스타디움'을 가지고 있는 것과 같다. 필자는 전에 쓴 책에서 '요리의 달인 이론'을 소개한 적이 있다. 어떤 사람이 성공할지 아닌지는 지능이나 기억력보다 머릿속에 '키친 스타디움을 구축하고 있는지 아닌지'에 좌우된다는 것이다.

일본 방송 프로그램 중에 '요리의 철인'이라는 것이 있었다. 키친 스타디움을 무대로 내로라하는 요리의 달인과 도전자가 등장해 그날의 '테마 식재료'로 요리 대결을 벌이는 프로그램이다. 키친 스타디움 뒤에는 고기, 생선, 채소 등 싱싱한 최고급 재료들이 카테고리 별로 깔끔하고 빈틈없이 준비되어 있다.

자, 다시 사무실 상황으로 돌아오자.

갑자기 상사가 '이 기획서, 내일까지 정리 보완 부탁해요'라고 요청했다고 하자. 상사의 말을 듣고 필요한 자료나 정보를 수집하고 부족한 내용을 보충하려면 내일까지 끝내기란 불가능하다. 여러분은 머릿속에 '키친 스타티움'을 만들어 놓아야 한다. 일을 의뢰받은 후, 장을 봐서 재료를 손질하려면 이미 늦다.

평소에 자신의 업무와 관련된 지식이나 정보는 가능한 한 많이 머릿속에 정리해두고 언제든지 꺼내 쓸 수 있도록 해야 한다.

하고 싶은 일이 있다면, 지금 당장 준비하라

어느 날 한 방송사에서 연락이 왔다. 수면시간에 관해 토론하는 프로그램에 출연해 달라는 것이었다. 마침 예정된 스케줄이 많아 시간을 내기 힘들었지만, 이리저리 일정을 조정해 출연하기로 결심했다. 그런데 생각지도 않은 일이 생겨 토론을 준비할 시간이 녹화 당일 3시간밖에 없었다.

나는 3시간 동안 토론할 상대의 책을 읽고 그를 어떤 논거로 무너뜨릴지 전략을 짠 다음, 쟁점이 될 만한 20개의 주제를 질의응답 형식으로 정리했다. 나는 '단시간 수면'은 절대 금물이라는 입장이었고, 상대는 단시간 수면의 효용을 강조하는 입장이었다. 토론의 결과는 어떠했을까? 결론부터 말하자면 나의 압승이었다(실제 방송에서는 근소한 차이로 이긴 것처럼 편집되었지만).

3시간 만에 꼼꼼하고 치밀한 준비를 끝내고 토론에서 압승할 수 있었던 비결은 무엇일까? 평소 내 머릿속에 '수면'에 관한 '키친 스타디움'이 완벽하게 구축되어 있었기 때문이다. 그렇지 않았다면 토론 프로에 출연하지도 않았을 것이다.

'수면, 우울증, 자살 예방, 치매'는 나의 전문 분야다. 대학에서 연구하고 논문을 썼으며, 지금도 많은 책과 최신 논문을 빠짐없이 읽고 있다. 정신과 의사나 뇌 과학자, 그 분야의 어떤 전문가들과 토론을 벌여도 지지 않을 만한 지식이 머릿속에 들어 있다는 의미다.

지금 이 책을 쓸 수 있는 것도 치매를 연구하던 무렵에 기억에 관한 방대한 책과 논문을 읽었기 때문이다. 나의 전문 분야 4가지에 대해서는 완벽한 '키친 스타디움'이 만들어져 있으므로 갑작스러운 TV 출연이나 원고 집필을 의뢰 받더라도 충분히 대응할 수 있다.

자신이 하고 싶은 일이 있다면 누가 의뢰할 때까지 기다리지 말아야 한다. 지금 당장 완벽하게 해낼 수준으로 만반의 준비를 해두자. 그것이 '키친 스타디움' 구축하기의 진정한 의미다.

소셜 기억법 ❶

일기로 기억력 훈련을 한다

매일 즐겁게 할 수 있는 SNS 기억 훈련

페이스북이나 블로그 등에서 많은 사람들이 활용하고 있는 방법이다. 일기를 쓴다는 것은 그날 무슨 일이 있었는지, 그 일에 대해 어떻게 느끼고 무슨 생각을 했는지 떠올리는 행동이다. 이런 떠올리는 행동이 뇌를 활성화한다. '일기 쓰기'는 치매 예방 훈련으로도 기대를 모으고 있는 분야다.

일기는 생각을 문장으로 정리한 것이다. '정리', '언어화', '스토리화'가 기억을 정착하는 데 중요한 촉진제라는 것은 이미 설명했다. SNS에 일기를 쓴다는 것은 남에게 보여준다는 것을 전제로 하기 때문에 어느 정도의 문장 형식을 갖추게 된다. 언제, 어디서, 누가, 무엇을 했는지가 담겨 있으므로 그야말로 '스토리화'가 되는 것이다.

내게 오늘 일어난 일은 '암기 기억'이 아니라 '에피소드 기억'이다. 그렇지만 날마다 일어나는 모든 일이 '에피소드 기억'이 될 수는 없다. 오늘 일어난 인상 깊은 일을 문장으로 정리함으로써 '에피소드'를 복습하게 되고 기억에 강하게 남길 수 있다. 물론 나중에 다시 읽으면서 복습하는 효과도 얻게 된다.

일기를 쓰는 것 자체가 기억 훈련이다. 일기로 정리된 에피소드는 강렬하게 기억에 남으며, 만약 잊었다 해도 다시 읽으면 금세 떠올릴 수 있다.

긍정적인 일기의 긍정적 효과

일기에는 기억 외에도 굉장한 효과가 있다. 미국 브리검영 대학의 실험에서 긍정적인 일기를 쓰는 것만으로도 행복해진다는 연구 결과가 나온 것이다. 피험자를 두 그룹으로 나눠 4주 동안, 한 그룹은 그날 있었던 긍정적인 일만 쓰게 하고 나머지 그룹은 단순히 그날 있었던 일을 쓰게 했다.

그러자 비교 그룹에 비해 '긍정적인 일만 쓴 그룹'의 행복감과 생활 만족도가 높게 나타났다. 긍정적인 내용을 쓰면 행복감이 더 높아지므로 SNS에 일기를 쓸 때는 긍정적인 내용을 중심으로 쓰는 편이 효과적이다.

'즐겁거나 재미있는 일이 거의 없는데'라고 생각하는 사람이 있을지 모르지만, 긍정적인 일기를 계속 쓰다 보면 일상 속에서 즐겁고 재미있는 일을 발견하는 감성이 일깨워지는 부가적인 효과도 있다.

'이틀 전 일기 쓰기'는 치매 예방에 특효

치매 예방법으로 자주 소개되는 것 중에 '이틀 전 일기 쓰기'란 것이 있다. 이틀 전이라면 2회의 수면을 거치면서 해마에 일시적으로 보존된 정보가 사라져가고 있는 시점을 의미한다. 이틀 전의 일을 자세히 기억해내기란 힘들기 때문에 좋은 기억 훈련이 된다.

이틀 전의 일기를 꾸준히 쓴다는 것은 매일 일기를 쓰는 것과 비교할 수 없을 정도로 힘들다. 하지만 페이스북이나 블로그에 일기를 쓰면 '이틀 전 일기 쓰기'와 거의 비슷한 효과를 얻을 수 있다.

내 경우도 페이스북에 오늘 있었던 일을 일기 형식으로 쓰고 있지만, 이런저런 일로 바쁘다 보면 그날 안에 올리지 못할 때가 있다. 그럴 때는 이삼 일 전에 있었던 일들을 함께 모아 글을 쓰게 된다. SNS에 꾸준히 일기를 올리려고 노력하면 며칠 늦어지는 경우가 생기게 되고, 그 결과 '이틀 전 일기 쓰기'와 거의 비슷한 효과를 얻을 수 있게 된다.

페이스북은 자동 복습 장치

SNS에 글을 올리는 것이 어떻게 '외재화'에 도움이 될까? SNS에 글을 쓰면 왜 기억 속에 확실하게 남을까? 그 이유는 자신이 올린 글을 몇 번이고 반복해서 보게 되기 때문이다. 페이스북에 글을 쓰는 경우를 예로 들어보자.

먼저 페이스북에 글을 올린다. 1시간쯤 지나 페이스북에 접속하면 대개는 타임라인의 맨 위에 자신의 글이 나타난다. 몇 시간 후, 다시 확인하면 댓글이 몇 개 올라와 있다. 댓글에 답을 쓰려면 당연히 내가 처음에 쓴 글을 읽거나 떠올리게 된다.

다음날도 페이스북에 접속해 어제 쓴 글에 '좋아요'나 댓글이 얼마나 달려 있는지 확인하느라 자신의 글을 다시 읽게 된다. 그 후에도 계속 댓글이 달리기 때문에 내가 쓴 글을 자연스럽게 떠올리게 된다.

1주일 안에 3번 복습하면 기억에 잘 남는다는 것은 '기억의 대원칙'이다. 페이스북에 글을 올리면 1주일 안에 3번 이상은 틀림없이 그 글과 마주하게 된다.

'아웃풋'을 전제한 '인풋'의 효과

누군가 반응해주면 계속할 수 있다 '좋아요 기억법'

'아웃풋을 위해 꼭 SNS를 이용할 필요는 없지 않냐'고 반론하는 사람도 있다. 아웃풋은 단기간만 해서는 효과가 없다. 장기적으로 습관이 되어야 기억이 촉진된다. 적어도 1년 이상은 꾸준히 해야 자기성장으로 이어지는 것이다.

책을 읽고 독서노트에 감상문을 쓰는 경우를 예로 들어보자. 아웃풋에 의한 기억 촉진 효과는 노트에 쓰나 페이스북에 올리나 마찬가지일 것이다. 그런데 아무도 읽어주지 않는 독서노트를 계속해서 얼마나 쓸 수 있을까? 대부분의 사람들에게는 어려운 일이다.

무엇보다 반응이 없으면 동기 부여가 되지 않는다. 아무도 비난하지 않고 아무도 칭찬해주지 않는다. 내가 성실하게 독서 감상문을 쓰고 있다는 사실조차 아무도 모른다. 그런 고독한 작업을 몇 년이고 계속할 수 있는 강인한 정신력을 가진 사람은 드물다.

하지만 페이스북이라면 얘기가 다르다. 책을 읽은 후 감상을 올리면 누군가 '좋아요'를 눌러주고 댓글을 단다. '도움이 되었어요', '대단하세요'라는 댓글이 달리면 기분이 우쭐해진다. 계속 감상문을 쓰고 싶은 의욕이 샘솟는다.

SNS는 사람들의 평가가 즉각적이기 때문에 어떤 의미에서는 두렵기도 하지만, 질 높은 아웃풋을 원하는 사람들에겐 최고의 매체다. 인정받고 공유하고, 서로 응원하고 격려함으로써 아웃풋을 '지속'할 수 있으며 결과적으로는 자기성장으로 이어진다.

'SNS에 글 올리기', 너무나 간단한 방법처럼 보이지만 그 효과는 절대적이다.

'누군가 읽는다'는 부담감이 기억력을 높여준다

똑같은 감상문, 똑같은 서평이라 해도 독서노트에 쓰는 것과 SNS에 쓰는 것은 엄연히 다르다. SNS의 글은 '남이 읽는다'라는 것을 전제로 한 것이기 때문이다.

'남에게 읽힐 때' 느껴지는 가벼운 긴장감은 집중력을 올리고 문장력을 향상시킨다. 결과적으로 기억력도 높여준다. '엉터리 글'을 썼다가는 창피를 당하고 부정적인 댓글에 시달리게 될 것이다. 앞에서도 말했지만 그런 부담감이 적절한 긴장감을 불러일으켜 노르아드레날린을 분비시키기 때문에 기억에 잘 남게 되는 것이다.

영어 실력이 비약적으로 향상된 이유

나는 2004년부터 3년간 미국 시카고에서 유학생활을 했다. 영화를 무척 좋아했던 나는 당시 한 달에 15편 이상의 영화를 보았다. 그렇게 많은 영화를 보고 아웃풋 하지 않는다면 아깝지 않을까?

그래서 심리학적 분석을 곁들인 최신 영화 감상평을 '시카코발 영화 정신의학'이라는 이름의 메일 매거진으로 발행하게 되었다. 미국으로 건너간 것이 4월인데, 그해 7월부터 매거진을 발행한 것이다. 그런데 일을 벌여놓고 나서야, 내 영어 듣기 실력이 별로라는 사실을 깨달았다.

미국에 가기 전에 나름 영어 공부를 했지만 영화를 자막 없이 볼 수준은 아니었다. 그런데도 영화 비평 매거진을 덜컥 발행해버린 것이다. 이렇게 된 이상 필사적으로 노력할 수밖에 도리가 없었다. 모든 영화를 볼 때 온 신경을 집중해 한마디도 놓치지 않으려고 애썼다.

그랬더니 듣기 능력이 급속도로 향상되어 미국에서 생활한 지 1년 만에 70~80퍼센트를 알아듣게 되었고, 2년째엔 90% 이상을 이해할 수 있었다. 결국 나의 매거진은 일본 최대의 메일 매거진 포탈인 '마구마구' 사이트에서 전체 3위를 기록했고, 엔터테인먼트 부문상과 신인상을 수상하면서 최대 4만 명의 독자를 가진 인기 매거진으로 성장하게 되었다.

5만 명이 내 글을 읽는다고 생각하면 진지해진다. 영화의 대사 한마디라도 놓치지 않아야 하고, 스토리나 구조를 다각적으로 분석해야 한다. 미국 유학에서 돌아온 지 벌써 10년이 지났지만, 그때 본 영화의 내용은 지금도 생생하며 어느 영화관에서 누구와 함께 어떤 상황에서 보았는지도 또렷이 기억난다.

미국에 간 직후 보았기에 영어를 한마디도 못하는 주인공의 입장에 크게 공감했던 스필버그 감독의 '터미널', 핼러윈 때 본 굉장히 난해한 스토리의 공포영화 '쏘우', 미국인 정신과 의사 동료들과 함께 관람한 후 토론을 벌였던 '스타워즈 에피소드 4−새로운 희망' 등, 모든 영화들이 마치 한 달 전에 본 것처럼 생생하게 떠오른다.

아웃풋을 전제로 인풋을 하게 되면 이렇게 강렬하게 기억되고, 더 질 높은 능력이 발휘된다. 아웃풋을 해야 한다는 생각이 편하지는 않지만, 적당한 부담감과 긴장감은 노르아드레날린의 분비를 촉진해 집중력, 관찰력, 기억력을 높여준다.

소셜 기억법 ❸

시각정보는 압도적으로 기억에 남는다

사진, 도표를 활용하는 '영상 투고 기억법'

페이스북에는 글과 사진을 함께 올리는 경우가 많은데 '기억'이라는 관점에서 보면 대단히 좋은 방법이다. 사진, 그림, 일러스트, 도표 등의 시각적 이미지는 압도적으로 기억에 잘 남기 때문이다. 말로 정보를 설명하는 것에 비해 그림을 보여주고 설명한 경우, 72시간 후 6배 이상 기억에 남는다는 실험 결과도 있다.

그림을 이용해 선명하게 기억에 남긴다는 것은 중요한 기억 전략이다. 자신이 직접 그림이나 도표를 작성하는 과정에서 그 정보는 뇌리에 또렷이 남게 된다. 연구에 따르면 '언어정보'와 '시각정보'는 별도의 영역에서 처리된다고 한다.

예를 들어 1,000명이 들어갈 수 있는 극장의 입구가 하나뿐이라면 줄은 뱀처럼 구불구불 이어지고 틀림없이 혼란이 발생할 것이다. 입구를 두 개로 늘리면 혼잡은 반으로 줄어들게 된다.

무언가를 기억할 때 대부분의 사람들은 '언어' 중심으로 인풋하려고 한다. 하지만 하나뿐인 '언어 입구'로만 주입시키려 하면 인풋의 양이 제한되고 얼마 안 있어 터져버릴지도 모른다. 또 하나의 입구인 '시각 입구'를 함께 사용하면 인풋 양이 2배, 아니 그 이상으로 증가된다.

사진이나 도표, 그래프는 시각적 효과로 인해 기억에 잘 남는다. '시각정보'를 잘 활용하면 자신도 잘 기억할 수 있고, 독자들의 기억에도 남아 '좋아요'나 '공유하기'도 늘어나기 때문에 글을 계속 쓸 의욕이 생긴다. 일석삼조의 글쓰기라 할 수 있다.

소셜 기억법 ❹
인풋과 아웃풋의 균형을 유지하라

'인풋' 하면 할수록 기억에 남는 것은 줄어든다!

현대사회는 정보의 홍수 시대다. 지하철 안에서도, 식당 안에서도, 심지어 걸으면서도 그 정보를 처리하려고 애쓰는 사람들이 많다. 이미 말했듯이 한 번밖에 보지 않은 정보는 깨끗이 기억 속에서 사라지는 것이 우리 뇌의 구조다.

같은 시간 안에 100개의 정보를 1회 접촉하는 경우와 30개의 정보를 3회 접촉하는 경우를 생각해보자. 100개의 정보를 1회 본 사람들은 대부분의 내용을 잊어버린다. 그런데 30개의 정보를 3회 본 사람들은 대부분을 기억한다. 이것을 1년간 반복한다면, 전자는 머릿속에 아무것도 남지 않지만 후자의 뇌 속엔 지식의 도서관이 구축된다.

인풋 하는 양을 늘릴수록 자기성장이 가속화된다고 생각하는 사람들이 많지만, 사실은 그 반대다. 인풋 하는 양을 늘릴수록 기억에 남는 정보나 지식은 점점 줄어든다.

24시간이라는 유한한 시간 안에서, 인풋 시간을 늘릴수록 아웃풋(복습) 시간은 점점 줄어들고 아웃풋 되지 않은 지식은 거의 사라지는 것이다.

그런데도 여러분은 여전히 인풋 양을 늘리고 싶은가? 아침부터 밤까지 스마트폰을 보면서 생산성도 없고 자기성장도 없는 정보 수집만을 계속하고 싶은가? 심하게 말하면, 그건 버리지도 않고 계속 쌓여가는 쓰레기 더미와 다를 바가 없다.

정보를 지나치게 모으는 것은 뇌 속에 사용하지 않는 정보의 '쓰레기 더미'를 만드는 것과 같다. 정보를 엄선해서 모으는 사람은 뇌 속에 '지식의 도서관'을 구축한다.

뇌 안이든 밖이든, 30초 안에 재생할 수 있어야 한다

'쓰레기 더미'와 '지식의 도서관', 그 차이는 무엇일까? '정보나 지식이 정리되어 있느냐 아니냐'가 그 기준이다. 정리되어 있다면 정보를 찾아내는 시간도 단축된다.

자신이 쓴 글이나 느낌을 15초에서 30초 안에 재생할 수 있으면 뇌 속에 기억하든 컴퓨터나 SNS에 저장하든 차이가 없다. 이것이 바로 이 장에서 설명하는 '외재화'에 대한 포인트다.

여기서 중요한 것은 '15초에서 30초'라는 시간적 제한이다. 자신이 원하는 문서 파일을 검색해 여는 데까지 3분이나 걸린다면, 그것은 '기억하고 있다'고 말할 수 없는 상태다. 자신의 컴퓨터 어딘가에 저장되어 있다는 사실만으로 위안을 얻어서는 안 된다.

예를 들어, 자신의 컴퓨터에서 '기억'이란 키워드로 검색했더니 1,373개의 항목이 검색되었다고 해보자. 그중 내가 원하는 파일을 찾는 것은 쉬운 일이 아니다. '검색하기' 자체가 시간 낭비가 될 수도 있다. 자신이 원하는 파일이 어느 폴더에 들어 있는지 기억하고 있다면 훨씬 더 빨리 그 정보를 찾을 수 있다.

그러기 위해서는 평소에 파일이든 문서든 정리정돈을 해두어야 한다. 예를 들어 이 책 '외우지 않는 기억법'에 사용된 원고나 메모는 '외우지 않는 기억법'이라는 하나의 파일에 넣어둔다.

그리고 '문서〉2015 집필〉외우지 않는 기억법' 이런 식으로 계층화해서 보관한다. 또 모든 폴더 안에 'old'라는 파일을 만들어 처리가 끝난 파일을 따로 정리해둔다.

이렇게 파일을 정리해놓으면 검색하는 것보다 빨리 원하는 파일을 찾을 수 있다. 데스크톱 바탕화면에 많은 파일이 이리저리 흩어져 있는 상태라면 컴퓨터 안의 정보를 '내 뇌 속의 기억'처럼 바로바로 불러낼 수 없다.

중요한 것은 '암기'가 아니라 '자기성장'

인풋이 지나치게 많으면 안 된다고 했다. 그러면 아웃풋은 많을수록 좋을까? 그렇지는 않다. 인풋이 적은 상태에서 아웃풋만 열심히 한다면, 그 아웃풋은 구멍이 숭숭 뚫린 모양이 되고 만다. 날마다 새로운 정보를 올리기는 하는데 읽을 마음이 안 생기는 블로그가 있다. 또는 매년 책을 내기는 하는데, 내용이 부실한 자기계발서 작가들도 있다.

인풋의 질과 양이 뒷받침되어야 비로소 훌륭한 아웃풋이 나온다. 인풋과 아웃풋이 밸런스를 이룬 상태에서만 자기성장을 이룰 수 있다.

비즈니스맨의 경우 "노력은 많이 하는데 결과가 안 나와"라고 말하는 사람들은 인풋에 비해 아웃풋이 적은 경우다. 거듭 말하지만 아웃풋 하지 않으면 잊어버리게 된다. 아웃풋은 없이 인풋만 계속하는 것은 그물로 물을 긷는 것과 비슷하다.

아웃풋 할 시간이 없다면 대처법은 간단하다. 인풋 시간을 줄여서 아웃풋에 할당하면 된다. 예를 들어 매달 세 권의 책을 읽고 아웃풋은 하지 않는 사람이 있다고 해보자. 그렇다면 읽는 책을 한 권으로 줄이고, 그 한 권에 대해 제대로 아웃풋 하면 된다. 책의 내용이 온전히 기억에 남게 되고 자기성장으로 이어지는 효과가 발휘된다.

이 책의 목적은 여러분의 '기억력'을 높이는 것이 아니다. 기억력이 좋고 나쁜 것과 상관없이 아웃풋을 하면 누구나 머릿속에 보존할 수 있다는 말을 전하기 위함이다.

기억력에 얽매이지 말고 문장력, 표현력, 구성력, 문제해결 능력, 소통 능력 등의 '비즈니스 스킬'을 향상시켜야 한다. 그러기 위해서는 인풋과 아웃풋의 균형 유지, 그리고 아웃풋의 습관화가 필수적이다.

뇌의 메모리를 최대한 확보하라

: 뇌 메모리 해방 규칙 & To Do List 활용법
& 짐 버리기 기술 :

냉장고 문을 연 순간 '어? 내가 뭘 꺼내려고 했지?' 하고 당황한 적이 있을 것이다. 이렇게 뭔가를 깜빡하는 현상이 자주 일어나면 혹시 치매가 아닌지 걱정하게 되는데, 이런 것은 치매나 장기기억과는 관계가 없다.

뭔가를 골똘히 생각하거나, 스마트폰에 정신이 팔려 있는 경우처럼 뇌의 일시적 정보 과다가 문제가 된 경우이기 때문이다. 인간은 방대한 정보를 기억할 수 있는 잠재력을 가지고 있지만, 정보가 들어가는 입구는 매우 좁기 때문에 쉽게 오버플로^{overflow} 현상이 발생한다.

뇌 속에는 뇌의 작업 공간 즉 '작업기억(워킹 메모리)'이 있다. 이는 뇌를 사용해 사고하고 기억하고 학습하기 위한 공간을 말한다. 짧게는 몇 초에서 길게는 30초 정도의 시간에 국한된 기억이다.

예를 들어보자. 누군가 전화번호를 불러줄 때, 그것을 내 폰에 입력할 때까지만 머릿속에 기억된다. 입력이 끝나자마자 그 번호는 내 머릿속에서 사라진다. 그때 사용되는 것이 바로 '작업기억'이다.

'26-7+12'를 암산해보자. 26-7은 19다. 여기에 12를 더해서 31이라는 정답이 나오는데, 그 과정에서 19란 숫자를 단기간 보존해두지 않는다면 계산을 할 수 없다. 이때도 '작업기억'이 사용된 것이다.

뇌는 한꺼번에 많은 것을 처리할 수 없다

뇌 속엔 접시가 3개뿐이다

오늘 중으로 마감해야 할 일이 5건이 있다고 하자. 마음이 급하고 초조해질 것이다. 아무리 열심히 해도 도저히 시간 안에 끝내지 못할 것 같은 불안이 밀려온다.

즉, 극도의 흥분 상태가 되는 것이다. 하지만 오늘 해야 할 일이 2건밖에 없다면 여유롭게 일을 처리할 수 있다.

그럼 우리는 얼마만큼의 정보를 동시에 처리할 수 있을까?

예전에는 작업기억의 처리 능력이 '7±2'라고 통용되었다. 즉 개인차는 있지만 보통 7개 정도는 동시에 처리할 수 있다는 '매직넘버 7'의 가설이 우세했던 것이다. 하지만 최근 연구를 통해 4개 전후라는 것이 밝혀졌다.

이런 연구들은 보통 '단어'나 '숫자 조합'을 대상으로 한 것이다. 업무나 일상적 정보처리를 대상으로 한다면 그보다 더 적은 3개 정도가 될 것으로 본다.

이렇게 '작업기억에서 한 번에 처리할 수 있는 정보량은 매우 적고, 그 정보량을 초과하면 처리 속도가 급격히 떨어지거나 작업이 정지되어버린다. 혹은 지금 막 들었던 것을 깜빡 잊어버리는 현상이 일어나기도 한다.

작업기억의 처리 능력은 개인에 따라, 혹은 작업 내용에 따라 달라지지만, 이 책에서는 알기 쉽게 '3'이라는 숫자로 통일하려고 한다.

작업기억을 쉽게 이해하려면 이런 이미지를 떠올려보자. 우리의 뇌 속에 3개의 접시가 놓여 있다. 그곳으로 시각정보, 청각정보, 생각, 아이디어 등이 잇달아 들어온다. 우리는 그것을 순간적으로 처리하며 접시를 비워간다. 접시가 비어야 다음 정보가 들어오는 것이다.

뇌 메모리가 충분해야 효율이 올라간다

'작업기억'은 컴퓨터의 'RAM 메모리'와 같다. 해마에 일시적으로 보존된 정보나 측두엽에 장기 보존된 정보에 순식간에 접속해 정보를 처리한다.

작업기억을 이용해 단시간 내에 정보를 처리하는 뇌의 공간을 이 책에서는 알기 쉽게 '뇌 메모리'라 부르겠다.

초기 컴퓨터를 사용한 경험이 있는 사람이라면 알 것이다. 컴퓨터에서 소프트웨어를 3개 정도 실행하면 속도가 급격히 떨어진다. 4개, 5개까지 실행하면 컴퓨터가 다운되어 더 이상 움직이지 않는다. 바로 메모리 부족이 발생했기 때문이다. 이런 현상을 방지하기 위해서는 불필요한 소프트웨어는 실행하지 않아야 하고, 메모리의 빈 공간을 가능한 한 많이 확보해야 한다.

뇌도 마찬가지다. '오늘 3시에 중요한 회의가 있지, 5시까지 견적서 제출이야, 저녁 8시에 기대되는 소개팅이야, 거래처 메일을 확인해야 하는데', 머릿속에 이런 생각들이 끝도 없이 떠돈다는 것은 '뇌 메모리'를 소모하고 있다는 의미다.

뇌 속의 접시는 3개밖에 없기 때문에 주된 업무에 이런 잡념이 끼어들면 그것만으로도 '뇌 메모리' 부족이 발생해 업무효율이 상당히 떨어진다.

그러니 한꺼번에 너무 많은 것을 생각하면 안 된다. '뇌 메모리'의 부담을 줄이는 것, 즉 '뇌 메모리'를 해방시키면 업무효율과 학습효과는 저절로 향상된다.

기억법에서 살짝 벗어난 분야일지는 모르겠으나, 이 장에서는 '뇌 메모리 해방 업무술'에 대해 소개하려고 한다. 또 뇌 메모리를 늘리기 위한 'To Do List'의 올바른 사용법과 기억의 짐을 덜어주는 방법에 대해서도 알려주겠다.

멀티태스킹을 하지 말라

머릿속을 청소하라

'거래처에 메일 보내야 하는데, 저번 계약 건은 어떻게 됐을까?', 이런저런 일들이 머릿속을 떠돌면 나도 모르는 사이에 뇌 메모리를 소모하고 있는 것이다. 용량이 큰 동영상 파일이 컴퓨터의 메모리를 잡아먹고 있는 것과 비슷하다. 자신은 의식하지 못할지 모르지만, 결과적으로 업무효율을 크게 떨어뜨리는 원인이 된다.

그렇다면 뇌 메모리를 늘릴 수 있는 방법은 없을까? 머릿속을 깨끗이 청소하고 쓸데없는 생각을 삭제하면 뇌 메모리를 최대화 할 수 있다. 그 구체적인 방법을 살펴보자.

뇌는 한 번에 두 가지를 할 수 없다

우리는 동시에 두 가지 이상의 일을 처리하는 '멀티태스커'가 되고 싶어 한다. 하지만 많은 뇌과학 연구는, 뇌는 결코 멀티태스킹을 할 수 없으며 여러 가지 일을 처리하려고 하면 오히려 효율이 급격히 떨어진다는 사실을 밝혀냈다.

어떤 보고에 따르면 비슷한 두 개의 작업을 한 번에 하려고 할 때, 효율이 80~95퍼센트나 떨어졌다고 한다. 또 다른 실험에서는 멀티태스킹 방식으로 운전하면 반응 시간이 약 1.5초나 늦어진다고 한다. 시속 50km로 달리고 있다고 가정해도 1.5초는 약 20미터를 진행할 시간이다.

운전 중 떨어진 물건을 집으려 하거나 스마트폰 문자를 보다가 교통사고가 났다는 말을 자주 듣는다. 여러 가지 일을 동시에 처리하는 동안 뇌 속에서는 몇 번이나 '전환'이 일어난다. 자신은 여러 가지 일을 동시에 한다고 생각하지만, 실제로는 한 가지 일씩 빠른 속도로 번갈아가며 처리하는 것이다.

이 경우, 뇌는 '전환'하는 데 쓸데없는 에너지를 소모하고 있는 셈이다.

가끔은 멀티태스킹을 능숙하게 해내는 사람도 있다. 하지만 그런 사람은 '작업기억'이 남들보다 훨씬 뛰어난 경우이다. 다시 말해 보통 사람들이 뇌 속에 3개의 접시를 가진 데 반해, 그들은 4~5개의 접시를 가지고 있다.

멀티태스킹은 하지 말라. 눈앞의 작업에 100퍼센트 집중하라. 하나씩 하나씩 작업을 완성해 나가는 것이 뇌를 가장 효율적으로 사용하는 방법이다.

음악을 들으면서 공부를 한다고?

멀티태스킹이 작업효율을 떨어뜨린다고 하면 "난 음악을 들으면 더 능률이 오르는데?"라고 반문하는 사람들이 있다. 정말 그럴까?

관련 분야의 논문 약 200편을 분석했더니 '음악을 들으면 작업능률이 오른다'는 결과와 '음악을 들으면 방해가 된다'는 결과가 거의 비슷한 비율로 나타났다고 한다. 좀 더 자세히 살펴보면 기억력과 독해력은 마이너스 효과이고, 기분이나 작업 속도, 신체 운동에 대해서는 플러스 효과가 나타났다.

외과의사 중에 음악을 들으며 수술하면 집중이 잘 된다는 사람들이 꽤 있다. 그것은 수술이라는 행위가 '기억'이나 '독해'라기보다는 '작업'에 가깝기 때문일 것이다. 공장의 생산라인에 음악을 틀어주는 회사도 있다. 이렇게 손이나 몸을 움직이는 '작업'이나 '운동'에는 음악이 플러스로 작용한다.

음악은 '학습', '기억', '독해' 등에는 마이너스가 되고 '작업', '운동'에는 플러스가 된다. 여러분이 하는 작업이 어떤 내용인지에 따라 음악의 효과는 달라진다.

'쓰고 나서 잊어버리기' 스킬을 활용하라

두 가지 이상의 일을 동시에 처리하는 것이 '멀티태스킹'이다. 그런데 그것을 행동으로 옮기지 않고 두 가지 이상을 동시에 생각하는 것만으로도 뇌 메모리가 소모된다는 사실을 아는가?

'빨리 메일 보내야 하는데, 계약 건은 어떻게 됐을까?, 3시에 거래처 미팅이 있지', 이렇게 머릿속에 여러 가지 생각이 뒤섞이면 여지없이 뇌 메모리가 소모되는 것이다. 그러면 어떻게 그런 '잡념'을 떨쳐버릴 수 있을까?

가장 간단한 잡념 제거 방법은 '글쓰기'다. 정확히 표현하자면 '쓰고 나서 잊어버리기'다. 나는 업무 일정이든 스케줄이든 신경 쓰이는 것은 모두 글로 쓴다. 오늘 해야 할 일은 'To Do List'에 써놓고 그 밖의 아이디어나 '반짝' 하고 떠오른 생각은 컴퓨터의 메모장 앱에 기입한다.

일을 하다가 일과 관련된 아이디어가 불쑥 떠오를 때가 있다. 그런데 그 자리에서 아이디어에 대해 깊이 생각하다 보면 '눈앞에 닥친 일'을 제대로 하지 못한다. 그래서 아이디어나 생각은 그때그때 메모해두고 다시 원래의 일로 돌아간다.

노트북 컴퓨터로 작업을 할 경우는 데스크톱 화면에 열려 있는 디지털 '메모장'을 사용한다. 한두 줄 길이의 문장을 쓰는 데는 10초에서 15초 정도만 필요하다. 집중력이 끊어지지 않은 채 작업을 계속할 수 있는 것이다.

이때 메모를 해두지 않으면 나중에 그 생각이 다시 떠올라 일을 방해한다. 중요한 것은 '글쓰기'와 '쓰고 나서 잊어버리기'다. 메모해둔 것은 잊어버려도 아무 문제가 없다.

'쓰고 나서 잊어버리기'를 습관화 할 수 있으면 머릿속에 쓸데없는 정보를 넣어둘 필요가 없으므로 뇌 메모리가 해방된 상태가 된다. 자연스럽게 작업능률이 올라간다.

미완료 업무를 최소화 하라

자이가르니크 효과의 역설

러시아의 심리학자 자이가르니크는 단골 카페에서 놀라운 사실을 발견했다. 식당의 점원이 아무 메모 없이도 몇 명분의 주문을 기억하는 것이다. 그리고 일단 음식이 나오면, 앞서 주문받은 내용은 깡그리 잊어버린다.

그는 실험을 통해 '진행 중인 일이나 완료되지 않은 과제는 기억에 잘 남는다'는 사실을 밝혀냈다. 이것을 심리학에서는 '자이가르니크 효과'라고 한다.

TV 프로그램의 경우, 한창 분위기가 무르익었을 때 '잠시 광고 나갑니다' 하고 광고가 삽입된다. 연속극들은 꼭 극적인 순간, 결과가 어떻게 될지 궁금한 순간에 끝난다. 이것이 바로 보는 사람의 주의를 끌기 위해 '자이가르니크 효과'를 이용한 것이다.

사람은 어떤 과제를 달성해야 할 상황에서는 긴장 상태가 된다. 과제가 달성되면 긴장은 사라지고, 과제 그 자체마저 잊는다. 반대로 과제가 중단되거나 작업을 완료하지 못했다면 긴장 상태는 계속되기 때문에 기억 속에 강하게 남아 있다.

한 블로그는 자이가르니크 효과를 소개하면서 '공부나 일은 완료하지 않고 도중에 끝내는 것이 좋다'고 설명했는데, 이는 완전히 잘못이해한 것이다. 작업을 완료할 때까지는 기억에 남아 있지만, 완료된 순간에 잊어버린다는 것이 자이가르니크 효과다.

공부나 일을 완료하지 않고 도중에 중단한다고 해서 장기기억으로 남는다는 뜻이 아니다. 오히려 완료되지 못한 과제가 쌓이면 업무효율이 떨어지게 된다.

식당 점원은 대여섯 명의 주문까지는 한 번에 외울 수 있을 것이다. 열 명이 넘는 주문을 메모 없이 기억하기란 쉽지 않다. 뇌 메모리의 한계를 넘어버리기 때문이다.

식당 점원은 누가 무엇을 주문했는지, 주문한 음식이 나올 때까지만 기억하고 있다. 이런 미완료된 기억을 '자이가르니크 단편'이라고 해보자. 주문이 늘수록 뇌 메모리는 '자이가르니크 단편'들로 꽉 차게 되고, 일정 용량이 초과되면 기억을 할 수 없다.

날마다 미완료된 업무를 쌓아둔다면 뇌 메모리를 소모하고 있는 것이다. 결과적으로 멀티태스킹과 마찬가지로 뇌에 부하가 걸려 뇌 활동이 저하된다. 따라서 뇌를 효율적으로 사용하고 업무효율을 올리기 위해서는 '미완료된 과제'를 줄여나가는 것이 바람직하다.

즉시 처리로 메모리를 비우는 '2분 규칙'

'갑자기 생각난 사소한 일'은 메모나 To Do List 또는 메모장 앱을 이용해 기록하고, 지금 당장은 머릿속에서 깨끗이 잊어버리자. 그런데 이 방법을 지나치게 사용하면 To Do List가 넘쳐나고, 사소한 일들이 산더미처럼 쌓여 심각한 사태가 벌어질 수 있다.

이때 유용한 것이 '2분 규칙'이다. '2분 안에 처리할 수 있는 일은 '지금' 해버린다는 규칙이다. 예를 들어 A가 보낸 메일을 받고 '답장해야 하는데'라고 생각하다가 나중으로 미뤄버릴 때가 있다.

기껏해야 메일 한 통 보내는 일이지만, 나중에 보내려면 또 다시 메일 창을 열고 A의 메일을 열어 다시 읽어야 한다. 답장을 쓰기 시작할 때까지 쓸데없는 시간을 뺏기는 셈이다. 메일에 답장을 보내는 시간이 1분쯤 걸린다고 한다면, 당장 처리하지 않음으로써 2~3배 이상의 시간을 낭비하게 된다.

2분 만에 끝낼 수 있는 일은 지금 당장 처리한다. '남아 있는 문제', '진행 중인 일', '미완료 안건'과 같은 업무를 처리해서 하나라도 줄이는 것이 뇌 메모리의 용량을 늘리는 지름길이다.

'퍼스트 체스 이론'에서 배운 30초 결단 규칙

나는 정기적으로 인터넷 서점에서 책을 사는데, 어떤 책을 살지 말지 결정하기까지는 30초도 걸리지 않는다. 그때 결정하지 못하면 1시간 후, 아니면 며칠 후 또 다시 고민해야 할 상황이 생긴다. '주저하고, 결정하지 않고, 남겨놓고 있으면' 많은 시간을 허비하게 되고 결국 뇌 메모리를 낭비하는 것과 같다.

나는 가능한 한 30초 내에 판단하고 결정하려고 노력한다. 결정의

'30초 규칙'이라 할 수 있다. 아무리 고민해도 결정할 수 없을 때는 '보류'라는 판단을 내린다. '나중에 결정하겠다'는 결정을 지금 내리는 것이다. 다만 그럴 경우는 반드시 언제 결정을 내릴지 시간을 정해두어야 한다.

예를 들어 '상대방의 의견을 듣지 못해 지금 당장은 결정을 내릴 수 없는' 경우가 있다고 하자. 그럴 때는 '3일 후 결정'이라는 결정을 내리고 일정표에 기입해둔다. 그러면 3일 동안 그 안건에 대해서는 아무 생각도 할 필요가 없다.

'30초 만에 판단하다니, 잘못된 판단이면 어떡하지?'라고 걱정하는 사람도 있을 것이다. 혹시 '퍼스트 체스 이론'에 대해 들어본 적이 있는가?

프로 체스 선수에게 어떤 체스 판을 보여주고 다음의 수를 생각하게 했다. 5초 동안 생각한 수와 30분 동안의 장고 끝에 결정한 수를 비교해보았더니, 놀랍게도 86퍼센트가 일치했다고 한다. 5초 만에 내린 판단이든 곰곰이 심사숙고하여 내린 결정이든, 대부분의 경우는 비슷하다.

가능한 한 빨리 결정함으로써 뇌 메모리를 비우고 다른 작업에 집중하는 편이 좋다.

지저분한 책상이 뇌 메모리를 잡아먹는다

책상 위가 깔끔한 사람이 일도 잘한다

책상 위가 깔끔한 사람과 지저분하게 어지럽혀진 사람, 둘 중 누가 더 일을 잘할까?

말할 필요도 없이 깔끔한 사람이다. 책상이 정돈되어 있으면 집중력이 높아지고, 그 반대일 경우 이런저런 잡념이 떠오른다. 서류가 눈에 띄면 '아, 이것도 처리해야지' 하고 생각하고, 책이 보이면 '빨리 읽어야 할 텐데'라고 생각한다. 혹은 '빨간 볼펜이 어디 있지?'라며 필요한 것을 찾느라 집중력이 흐트러지는 경우도 있다.

뇌라는 것은 고도의 정보처리 기구다. 일단 정보가 입력되면 무의식중에 그것을 자유자재로 처리한다. 그런데 잡념은 뇌 메모리를 소모시켜 뇌의 능력을 떨어뜨린다.

예를 들어 운전하는 도중에, 갑자기 아이가 뛰어들었다고 해보자. 대부분은 순간적으로 브레이크를 밟을 것이다. 우리는 위험에 재빨리 반응할 수 있도록 항상 주의를 기울이고 있다. 이것은 무의식 단계에 존재하는 뇌의 '자동감시' 기능과 같아서, 아무것도 하지 않아도 그만큼 뇌 메모리를 소모한다고 할 수 있다.

책상 위에 쓸데없는 물건이 놓여 있으면 무의식중에 뇌의 주의력이 분산되고 뇌 메모리가 소모된다. 따라서 업무나 공부에 집중하려면 먼저 책상 위부터 깨끗이 정리해야 한다.

예전에 후나이 종합연구소에서 일한 적이 있는데, 연구소의 창업자인 '후나이 유키오'는 '책상 위가 깨끗한 것이 성공하는 사람의 조건'이라는 말을 자주 했다고 한다. 그는 사무실에 불쑥 나타나 사원들의 책상 위가 정리되어 있는지 확인했다고 전해진다. 약 5,000개 회사를 클라이언트로 가진 컨설팅 회사의 CEO가 '정리정돈'을 최고의 성공 법칙으로 꼽았다는 것이다.

책상 위가 깨끗한 사람이 성공하는 이유를 뇌과학적으로 풀어보면, 책상 위가 정리된 사람은 머릿속도 정리되어 있기 때문일 것이다. 뇌 메모리를 소모하지 않고 눈앞에 닥친 일에 고도의 집중력을 발휘할 수 있으므로 성공하는 것은 당연하지 않을까?

뇌 메모리 해방 규칙 ❹
스마트폰은 뇌 메모리의 적!

뇌 속에 '스마트폰 확인'이라는 프로그램이 깔려 있다

우리가 손에서 놓지 않는 스마트폰이 업무효율을 어느 정도 떨어뜨린다고 생각하는가? 인간이 집중 상태로 들어서기까지는 15분 이상이 걸린다고 하는데, 그 사이에 방해를 받을 때마다 처음 상태에서 다시 시작해야 한다.

스마트폰은 우리의 집중력을 원상태로 되돌려버리는 가장 대표적인 것이다. "난 일하는 중에 스마트폰은 절대 안 봐요. 쉬는 시간에만 확인하죠"라고 말하는 사람도 있을 것이다.

그렇다고 해도 일하는 중에 '휴식시간이 되면 스마트폰을 빨리 확인해야지'라는 생각이 머릿속을 왔다갔다한다면, 그것 또한 뇌 메모리를 소모시키고 있는 것이다.

뇌 속에 접시는 3개밖에 없는데, 그중 하나를 '휴식시간의 스마트폰 확인'이라는 생각으로 써버릴 가능성이 크다는 의미다. 스마트폰 사용자들은 강하든 약하든 일종의 스마트폰 의존증 상태에 빠져 있는 것으로 보인다.

지하철을 기다리면서도 지하철을 타서도, 걸으면서도 스마트폰에서 눈을 떼지 않는다. 그런 사람들은 머릿속의 한 부분에 '스마트폰 확인'이라는 프로그램이 깔려 있는 것과 마찬가지다.

덮어놓고 스마트폰을 사용하지 말라고는 할 수 없지만, 전원이 켜진 스마트폰이 주머니 속에 있다는 사실만으로도 뇌 메모리가 소모되고 있다는 것을 인식했으면 좋겠다. 참고로 나는 스마트폰을 즐겨 사용하지 않는 매우 드문 경우에 해당된다.

'집중해서 일하자, 이 일은 반드시 한 시간 안에 끝내자'라고 생각한다면 일이 끝날 때까지 스마트폰의 전원을 꺼둔 채 서랍이나 가방에 넣어두는 편이 좋다.

그렇게 하면 뇌 메모리 소모를 어느 정도 피할 수 있다.

반드시 종이에 써서 책상 위에 놓아두어라

TO DO LIST를 올바르게 쓰는 방법

'일단 급한 대로 10시까지 답장하기, 12시부터 점심 미팅, 3시부터 회의, 5시까지 견적서 제출, 저녁 8시 소개팅', 만약 이렇게 복잡한 하루 일정이 머릿속을 맴돌고 있다면 뇌 메모리는 우리의 예상보다 훨씬 많이 소모된다.

그래서 업무 일정이나 현재 진행 중인 사항 등은 To Do List로 써두는 것이 좋다. 그러면 지금 당장은 잊어버려도 된다. 이렇게 단순한 방법만 실천해도 쓸데없는 잡념에서 벗어날 수 있고 뇌 메모리도 해방되어 고도의 집중력을 발휘할 수 있다.

나는 매일 작업을 시작하기 전에 To Do List를 쓴다. 그러면 오늘 해야 할 일과 다음에 해야 할 일이 명확해져 순조롭고 효율적으로 업무를 처리할 수 있다. 그러면 지금부터 뇌 메모리를 해방시키고 업무 효율을 확실하게 올릴 수 있는 제대로 된 To Do List 활용법을 알려주겠다.

업무효율을 위한 최강의 무기

To Do List는 종이에 써야 할까? 아니면 스마트폰 앱과 같은 디지털 도구를 사용해야 할까? 내가 내린 결론은 명쾌하다. To Do List는 반드시 종이에 써야 한다! 종이에 쓰지 않으면 To Do List의 구실을 제대로 못하기 때문이다.

나는 작업 중 To Do List가 눈에 잘 띄도록 책상 위에 붙여 놓는다. 그래서 '다음 일은 뭐지?'라는 생각이 머리를 스친 순간, 시선을 살짝 돌리기만 해도 확인할 수 있다. 1초도 걸리지 않는다. 한껏 고조된 집중력을 그대로 유지한 채 다음 작업으로 돌진할 수 있다.

To Do List를 스마트폰이나 태블릿 앱으로 관리하는 사람도 있겠지만, 이런 디지털 도구들은 아무런 조작도 하지 않으면 절전 모드로 전환된다. 다시 화면을 띄우려면 패턴을 풀거나 패스워드를 입력해야 한다.

몇 초면 된다고 항변할지 모르지만 모처럼 고조된 집중력이 제자리로 돌아갈 수 있다. 이것은 마치 F1 경주에서 자동차가 한 바퀴 돌 때마다 기계를 수리하러 잠시 멈춰야 하는 것이나 다름없다. 대단히 효율이 떨어지는 방법이다.

그뿐 아니라 스마트폰을 볼 때마다 '문자 온 건 없나? 게임하고 싶은데'라는 마음이 생긴다. 한순간이라도 그런 마음이 생기면 집중력이 떨어지고 뇌 메모리도 손실을 입게 된다. 가끔 블로그에서 To Do List를 사용해도 업무효율이 오르지 않는다고 불평하는 글을 볼 때가 있는데, 그런 사람은 방법이 잘못된 것이 아닌지 점검해야 한다.

To Do List는 종이에 쓴다. 그리고 항상 책상 위 눈에 잘 띄는 곳에 둔다.

이 두 가지 원칙을 지킨다면 To Do List는 우리의 뇌 메모리를 해방시키고 업무효율을 올려주는 강력한 무기가 될 것이다.

To Do List 활용법 ❷
'쓰기'보다 '지우기'가 중요하다

퍼즐 게임과 도파민의 관계

일본에서는 스마트폰 게임 '퍼즐 앤 드래곤'의 인기가 대단하다. 다운로드 수가 3,800만을 돌파했다고 하니 일본인의 3분의 1이 즐기는 셈이다. 또 '캔디크러쉬'나 '라인 디즈니 썸썸'이라는 게임도 인기를 끌고 있다. 모두 위에서 떨어지는 퍼즐 조각을 맞추는 게임인데, 예전으로 거슬러 올라가보면 '테트리스'나 '뿌요뿌요'가 있다. 이들 게임의 특징은 한 번 시작하면 멈출 수 없다는 것이다.

20년 이상 지속되는 퍼즐 게임의 인기는 무엇으로 설명할 수 있을까? 그 중독성의 비밀은 어디에 있을까? 시각적 자극이 '나타났을 때'와 '사라졌을 때', 뇌는 강한 신경반응을 나타낸다는 것이 밝혀졌다. 따라서 블록이나 타일이 나타났다 사라지는 퍼즐 게임은 뇌를 흥분

시켜 중독 상태 비슷하게 만드는 것이다.

나는 To Do List 중에서 완료한 것은 미련 없이 선을 그어 지워버린다. 그렇게 하면 '클리어했다!'라는 강렬한 성취감을 얻게 된다. '지우는' 행위로 뇌가 즐거워지는 것이다. 또한 목표를 달성하면 행복물질인 도파민이 분비된다. 도파민은 의욕의 원천이기도 해서 '좋아, 다음 작업도 분발하자!'는 마음으로 더 열심히 일할 수 있다.

To Do List를 종이에 '쓰기'도 중요하지만, 그 이상으로 '지우기'도 중요하다. To Do List의 효과를 극대화하고 싶다면 목표를 달성한 즉시 '지우는' 것이 요령이다.

To Do List 활용법 ❸
몰입의 즐거움을 만끽하기

몰입의 즐거움 '플로' 체험하기

'플로flow'라는 말을 들어본 적이 있는가? '플로'란 다른 말로 '존zone'이라고도 불리는데, 심리학자 미하이 칙센트미하이가 제창한 개념이다. 칙센트미하이는 저서 《몰입의 즐거움》에서 '플로'를 이렇게 정의한다.

'하나의 활동에 깊이 집중해 다른 그 무엇도 문제가 되지 않는 상태, 경험 그 자체가 너무나 즐거워 순수하게 그것을 하기 위해 많은

시간이나 노력을 들이는 상태.'

다른 말로 '절대적인 집중 상태'라 할 수 있을 것이다. 시간 가는 줄 모르고 일에 빠져 있다 정신을 차려보니, 굉장한 결과를 냈다는 것이다. 스포츠 선수를 예로 들면 적당한 긴장감을 느끼며 즐겁게 플레이할 수 있는 상태, 그리고 그 결과 평소보다 더 뛰어난 성적이나 기록을 낸 상태라 하겠다.

나는 책을 집필할 때 종종 '플로'를 경험한다. 이 책을 집필할 때도 10번 이상은 '플로' 상태에서 글을 쓴 것 같다. 플로 상태가 되면 머릿속에서 문장이 강물처럼 흘러나온다. 자신의 생각이 차례차례 문장으로 만들어지는 것은 즐겁고 경이로운 경험이다. 문득 정신이 들면 창밖은 깜깜해져 있고 원고용지 50매가 채워졌던 적도 있다.

피곤하다는 생각도 없고, 시간이 순식간에 가버렸으므로 힘들다는 생각도 없이 단시간에 대량의 원고를 완성한 것이다. 게다가 말할 수 없이 즐거운 기분에 빠진 채! 그런 순간이 너무나 좋아서 '더 쓰고 싶다!'는 의욕이 솟구친다.

고도의 집중력을 유지하는 방법

만약 의식적으로 '플로'에 빠질 수 있다면 굉장한 성과를 올릴 수 있을 것이다. 그럼 어떻게 하면 '플로' 상태에 빠질 수 있을까? 나는 To Do List의 활용을 추천한다.

'다음 할 일은 뭐지?'라고 일일이 생각할 필요가 없다. 이 일이 끝나면 저 일을 하는 것으로 정해져 있거나 무의식중에 나도 모르게 몸이 모든 것을 기억하고 있다면, 눈앞에 닥친 일에만 오롯이 집중할 수 있을 것이다.

사실 '다음에 뭘 하지?'와 같은 생각이 집중력을 저해한다. 뇌의 집중력이 고조되고 작업효율이 상승하는 상태에서 잡념이 떠오르면, 집중의 끈이 끊어져버린다. 집중력이 처음 상태로 되돌아간다는 의미다. 그런 상태에서는 플로에 빠지기 어렵다.

잡념 없이 마치 물 흐르듯 작업에 몰두하면 플로 상태로 들어서기 쉬운데, 그럴 때 진가를 발휘하는 것이 To Do List다.

To Do List 활용법 ❹
밤보다는 아침에 써라

아침에 쓰면 두 번 손이 가지 않는다

그러면 To Do List는 언제 쓰는 것이 좋을까? 나는 아침에 책상에 앉아 작업을 시작할 때 작성한다. 지인들에게 To Do List를 언제 쓰는지 물어본 적이 있는데 '아침형'과 '저녁형'으로 나뉘었다. '저녁형'들은 내일 할 일의 흐름을 미리 파악함으로써 안심하고 잠들 수 있다고 말하는데, 당연히 그 반대인 사람들도 있을 것이다.

나는 예전에 수면과 관련된 책을 낸 적이 있다. 내 책뿐만 아니라 대부분의 수면법에 관한 책은 '자기 전에 내일 할 일을 생각하면 수면에 나쁜 영향을 미친다'고 주장한다. 수면에 가장 좋지 않은 것은 '불안'이다. 자기 전에 불안이나 걱정이 머릿속에 떠오르면 잠이 잘 올 리가 없다. 내일 할 일을 생각하면 불안함이 따라오므로 피하는 것이 좋다.

내일 할 일을 생각하면 두근두근 기대가 된다는 사람들도 있는데, 두근두근 상태에서는 도파민이라는 뇌내 물질이 분비된다. 도파민은 심장을 활발하게 움직이도록 해주는 물질이다. 자기 전에 심장이 뛰면 교감신경(낮에 활동하는 신경)이 우위에 있으므로 수면 장애로 연결된다. 소풍 가기 전날 밤, 잠 못 이루는 것도 그 때문이다.

나도 자기 전에 To Do List를 써본 적이 있지만, 하룻밤 자고 나서 다시 생각해보면 새로운 일이 추가되기도 하고 우선순위가 바뀌는 경우가 종종 있었다. 수면 중에 기억이 정리된다는 사실은 이미 앞에서 설명했다.

잠을 푹 자고 일어난 후에, 감정에 치우치지 않고 더 올바른 판단을 내릴 수 있다. 다시 말해 밤에 To Do List를 쓰면 다음 날 수정할 일이 생긴다는 뜻이다. 그렇게 손이 두 번 가는 작업이라면 처음부터 아침에 쓰는 편이 좋다.

아침에 To Do List를 쓰면 '오늘 하루도 힘내자!'라는 다짐과 함께 의욕이 상승한다. 목표를 설정하는 것만으로도 도파민이 분비된다. 밤의 도파민이 심장을 뛰게 해 불안을 유발한다면, 아침의 도파민은 하루의 활력소가 된다는 것도 이 방법을 권하는 이유다.

매일 아침, 일을 시작함과 동시에 그날의 이미지를 떠올려보자. 생생한 이미지로 떠오른다면 생각 그대로 효율적으로 일을 처리할 수 있고, 그 결과 하루를 충실히 보낼 수 있다.

'망각'이 최강의 기억법이다

망각은 절대 나쁜 것이 아니다

많은 사람들이 '망각'을 싫어하고 어떻게든 '잊어버리지 않도록' 온갖 노력을 한다. 하지만 나는 '잊어버리는 것'이 그렇게 나쁘다고 생각하지 않는다. 설령 잊었다 해도 나중에 다시 떠올릴 수 있다면, 그것은 잊은 것이 아니다. 평소에 잊지 않으려고 애를 쓰다가, 오히려 뇌 메모리를 낭비하는 경우도 있다.

나는 책 집필과 같은 큰일을 마치면 의식적으로 그것을 잊어버리려 노력한다. 머릿속에서 '큰 짐'을 정리하듯 깨끗하게 치워버리는 것이다. 나는 그것을 기억의 '짐 버리기'라고 부른다.

의식적으로 잊어버림으로써 새로운 것을 맹렬한 기세로 흡수할 수 있게 된다. 결과적으로 다음 작업도 부드럽게 풀려 나간다. 이 장은 '짐 버리기 인풋 기술'로 마무리하려고 한다.

역逆 자이가르니크 효과를 활용하라

나는 2009년에 처음 책을 낸 이후, 거의 1년에 3권꼴로 신간을 내고 있다. 그 얘기를 들으면 대부분의 사람들은 놀랍다는 표정을 지으며 질문을 쏟아낸다.

"어떻게 그렇게 많은 책을 쓸 수 있나요? 책을 쓰기 위해 인풋은 어떤 식으로 하나요? 어떻게 그런 방대한 양의 인풋과 아웃풋을 반복할 수 있죠? 글감이 떨어지지는 않나요?"

내가 많은 책을 쓸 수 있는 이유는 간단하다. 계속해서 쓰고 있기 때문이다. 절대 말장난이 아니다. 책을 쓴다는 것은 방대한 양의 인풋과 아웃풋을 할 수 있는 가장 효율적인 방법이다.

내가 예전에 출간한 독서법 책을 예로 들어보자. 나는 그 책을 쓰기 전에 '독서', '인풋', '정보 활용'에 관한 책 20~30권을 읽고 예비 정보를 수집했다. 또 학술 논문도 수십 편 훑어보았다. 엄청난 양의 인풋이지만, 한 달쯤 집중해서 작업하면 의외로 효율적으로 해낼 수 있다. 같은 분야의 책을 모아서 읽으면 읽는 속도에 가속이 붙는다. 또한 각각의 책에 쓰여 있는 공통점이나 차이점도 분명히 알 수 있어 지식을 효율적으로 정리할 수 있게 된다.

그리고 한 달에 걸쳐 책의 목차를 쓴 다음 나머지 한 달 동안은 집중해서 '집필'에 몰두한다. 그렇게 해서 책이 완성되는 것이다. "해냈다! 드디어 다 썼어!" 책을 다 쓴 후엔 이루 말할 수 없을 만큼의 기쁨을 느낀다.

하지만 기쁨을 뒤로 하고 내가 곧바로 하는 일이 있다. 먼저 20~30 권의 관련 서적과 복사해둔 논문을 차곡차곡 상자에 넣어 지하창고에 보관하는 것이다. 내 방에서 '독서'에 관련된 책을 모조리 치워버리고, 동시에 머릿속에서도 내가 쓴 책의 내용을 지운다.

물론 원한다고 자신의 기억을 지울 수는 없으니, 어디까지나 기분에 지나지 않는다. '이제 전부 끝났으니 깨끗이 잊어버리자'고 마음먹는 것이다.

내가 가진 독서에 관한 모든 정보를 이 책 한 권에 쏟아 부었다. 잊었다 해도 필요할 때 내가 쓴 책을 펼쳐보면 금방 떠오를 것이다. 책에 쓴 내용은 내 머릿속에서 절대 사라지지 않는다.

이것을 '역 자이가르니크 효과'라고 부르면 어떨까? '미완성, 혹은 진행 중인 일에 대한 내용은 강렬하게 기억에 남는다'는 것이 자이가르니크 효과였다. 거꾸로 뒤집으면 '완료된 일에 대한 기억은 쉽게 잊어버린다'고 할 수 있다.

따라서 원고를 탈고하는 동시에 그 내용에 대해서는 일체 생각하지 않고 잊어버리는 습관을 들이자. 그러면 정말로 신기하게도 머릿속에서 깨끗하게 사라진다.

최종 확인 작업이 끝나고 책이 발간될 때까지 몇 주 정도 걸리는데, 그 동안은 책 내용에 대해 아무 생각도 하지 않는다. 그 후 책이 출간되면 "어, 이 책 꽤 재미있네", "상당히 유익한 내용이 실려 있군" 하고 마치 남이 쓴 책을 읽는 듯한 기분으로 즐길 수 있다.

짐 버리기 기술 ❷
쓰고 나면 전부 잊어라!

잊어야 다음 인풋이 가능하다

사람들은 보통 외우고 기억하는 데 집착하지만, 글을 쓰고 나면 잊어버려도 좋다. 오히려 다 쓴 다음에는 깡그리 잊어버리는 편이 좋다. 나는 이것을 '뇌 속의 짐 버리기'라고 부른다.

머릿속을 완전히 비우면 뇌 속에 다음 인풋을 위한 공간이 마련된다. 머릿속 '자이가르니크 단편'을 깨끗이 쓸어내면 머리가 정말 가벼워진다.

나는 어떤 책의 원고를 마감하고 나면, 새로운 것을 인풋 하고자 하는 욕구가 맹렬히 솟구친다. 그래서 새로운 분야의 책을 읽기 시작한다. 대개는 금방 집필을 끝낸 책과는 전혀 다른 분야다. 새로운 분야의 책을 주문해 읽고, 그 책의 참고문헌에 실려 있는 책들을 또 주문한다.

회사에서 중요한 발표를 맡았다고 해보자. 발표하는 날까지 방대한 자료와 문헌을 훑어보고 질문에 대비해 세세한 부분까지 다 외웠는데, 막상 발표가 끝나니 아무것도 생각이 안 난다. 여러분도 혹시 그런 경험이 있지 않은가?

이럴 때 많은 사람들은 '잊어버리면 안 되는데' 혹은 '기껏 외웠는

데' 하며 속상해한다. 하지만 그렇게 되면 발표는 '완료되지 않은 일'
이 되고 만다. '자이가르니크 단편'이 머릿속에 남아 뇌 메모리를 계
속 소모하는 셈이다. 다음 작업을 위해 인풋 할 의욕도 생기지 않고,
책이나 자료도 잘 읽히지 않는다. 다른 정보들이 머릿속에 잘 들어가
지 않는 것이다.

글을 다 쓰고 나면 잊어버려도 된다. 아니, 잊어버리자.

잊어버려도 자신이 쓴 글을 다시 보면 금세 그때 익힌 지식이 생생
히 떠오른다. 머릿속 '기억의 본체'는 그리 쉽게 사라지지 않는다. 그
저 '기억의 색인'을 잊어버린 것뿐이다. '글쓰기'는 무수한 '기억의 색
인'을 물리적으로 복제하는 작업이므로, 언제든 인출이 가능하다.

'잊어버리기'가 최강의 기억법이라는 것을 이제 충분히 이해했을
것이다.

뇌를 젊게 만드는
가장 확실한 방법

: 유산소운동 & 생활습관 :

근래 중요한 약속을 깜빡하거나 물건을 놓아둔 장소를 기억하지 못하는 일이 자주 있었는가? 나이가 들면 기억력만 떨어지는 것이 아니다. 잘못 알아듣거나 자기도 모르게 실수하는 일이 잦아지고 주의력, 집중력이 떨어지는 등 뇌 기능이 전반적으로 저하된다.

나이 드는 것은 어쩔 수 없다고 포기하는 사람들이 많은데, 뇌의 노화를 예방할 수 있는 방법은 존재한다. 그것도 매우 쉽고 간단하다.

무엇보다 뇌를 활성화하는 최고의 방법은 운동이다.

운동하는 것만으로 뇌가 활성화되고 치매가 예방된다. 이를 뒷받침하는 연구 자료는 셀 수 없을 만큼 많다. 2000년 무렵에 '운동은 뇌에 긍정적 영향을 미친다'는 사실이 밝혀졌고, 최근 10년 동안 '운동'과 '뇌'의 상관관계를 밝힌 연구들이 쏟아지고 있다.

또한 수면 부족 등 흐트러진 생활습관 역시 우리의 기억력을 갉아먹는 원인이 된다. 나이가 들어서도 건강한 기억력을 유지하고 명석한 두뇌를 가지고 싶다면 뇌에 좋은 습관을 몸에 익혀야 한다. 가장 중요한 것이 '운동'과 '뇌 건강 생활습관'이다.

뇌를 살리는 '운동'의 10가지 효과

운동 효과 ❶ 신경세포를 증식시켜 장기기억을 강화한다

1996년 뇌과학 분야에서 매우 획기적인 발견이 있었다.

운동을 통해 뇌유래 신경영양인자BDNF, Brain-derivated neurotrophic factor가 분비된다는 사실이 밝혀진 것이다. BDNF란 뇌에서 만들어지는 단백질의 일종으로 신경을 성장시키는 역할을 한다.

1장에 나온 런던의 택시 기사 얘기를 기억하는가? 런던 택시 기사의 해마 체적은 보통 사람들보다 크다고 했다. 성인이 된 후에도 해마의 치상회(齒狀回, dentate gyru)라는 부분에서 신경세포가 증식되는데, BDNF는 그 신경의 분화와 증식을 촉진시키는 대표적 물질이다.

자, 정리해보자. 운동을 하면 BDNF가 분비되고, BDNF에 의해 신경세포의 증식이 촉진된다. 운동을 하면 뇌가 자라는 것이다!

해마는 정보의 '임시 보관소'다. 해마의 신경이 증식함에 따라 입력된 정보를 '장기기억'으로 전환하는 작업이 순조롭게 진행된다. 운동

을 하면 '장기기억'이 좋아지는 것이다.

🎙️운동 효과 ❷▶ 6개월 유산소운동으로 대뇌피질이 증가한다

뇌를 단련하면 기억력이 좋아지거나 더 나빠지지 않는다는 것을 거듭해서 설명했다. 그렇지만 60대, 70대는 무리라고 생각하는 사람들이 많을 것이다. 하지만 전혀 그렇지 않다.

신경과학자 아더 크레이머 박사는 운동을 별로 하지 않던 60~79세 고령자를 '유산소 운동' 그룹과 '스트레칭' 그룹으로 나눈 후에 주 3회, 1회 한 시간씩 운동하게 했다.

6개월 후 MRI 검사 결과, '유산소 운동' 그룹은 전두엽과 측두엽의 피질 용적이 늘어난 것이 확인됐다. 운동으로 해마가 커진다는 사실은 알려져 있었지만, 대뇌피질의 용적이 증가했다는 결과는 처음 확인된 것이다.

나이가 들어도 뇌는 성장한다. 게다가 단 6개월 정도의 운동만으로도 변화가 나타난다고 하니 운동을 안 할 이유가 없다.

🎙️운동 효과 ❸▶ 단 한 번의 운동으로도 학습 기능이 향상된다

운동을 하면 뇌가 성장한다는 것은 사실이다.

하지만 '효과를 보려면 몇 개월 동안 계속 운동해야 하는 거잖아. 그건 나한텐 무리야'라고 생각하는 사람도 있을 것이다. 당연히 뇌세포의 증식은 한두 번의 운동으로는 촉진되지 않는다. 하지만 학습 기능이라면 다르다. 단 한 번의 운동만으로도 개선된다.

2007년 연구에 따르면, 피험자에게 최대 심장 박동 수 60~70퍼센트를 유지하면서 35분 동안 러닝머신에서 달리게 했더니 인식의 유연성(수행 기능)이 향상되었다고 한다. 뇌의 이 기능은 유연성, 독창성, 문제해결 능력과 깊은 관계가 있다.

단 한 번의 운동으로 운동 전과 비교해 학습기능이 향상되었다는 데이터는 이 외에도 많다. 단언컨대, 단 한 번의 운동도 학습 기능을 향상시키고 공부의 효율을 올려준다.

운동 효과❹ ▶ 지속적 운동은 성적을 올려준다

단 한 번의 운동으로도 효과가 있으니, 계속해서 운동한다면 얼마나 큰 효과를 얻을 수 있을까? 공부와 운동, 둘 다 잘 하는 사람을 문무양도文武兩道라고 하는데, 이 개념은 뇌과학적 관점에서도 옳은 말이란 것이 최근의 연구에서 증명되었다.

즉, 운동을 하면 머리가 좋아진다는 의미다.

운동하는 사람과 운동하지 않는 사람을 비교해보니 운동하는 사람의 성적이 좋았다. 수업 시작 전의 아침 운동에 참가한 학생들은 성적이 17퍼센트나 향상되었다. 이처럼 운동을 하면 학교 성적이 좋아진다는 내용의 데이터는 아주 많다.

🔑운동 효과 ❺ ▶ **작업기억이 개선된다**

뇌의 작업 공간인 '작업기억'은 30대를 정점으로 하여 점점 떨어진다. 작업기억이 떨어지면 깜빡깜빡 잊어버리는 일이 잦아지고 주의력, 집중력, 사고력, 결단력, 판단력, 학습능력, 정보처리능력 등 다양한 능력이 저하된다.

운동은 '장기기억'뿐 아니라 '작업기억'의 개선에도 효과가 있다고 알려져 있다. 특히 달리기는 작업기억을 개선하는데, 맨발로 달리는 것이 더 효과적이라고 한다. 자연 속에서 걷고 달리고 나무를 오르고 암벽을 타는 무브냇movnat처럼, 임기응변을 발휘해 판단을 내려야 하는 운동의 효과도 주목 받고 있다. 무브냇 운동 전후의 작업기억을 테스트해보니, 운동 후 성적이 50퍼센트 이상 향상되었다.

자연 속에서 본능에 의지해 몸을 움직이는 것으로 뇌가 활성화되는 것이다.

🔑운동 효과 ❻ ▶ **숙면을 유도한다**

3장에서 밝혔듯이, 기억에는 수면이 필수적이다. 기억을 정착시키기 위해서는 단순히 '수면시간'뿐 아니라 수면의 깊이와 질 또한 중요하다. 충분히 깊게 자면 기억력이 좋아진다는 말이다.

논문이나 연구를 참조할 필요도 없이, 누구에게나 운동한 날은 평소보다 푹 잠들 수 있었던 경험이 있을 것이다. 운동은 수면을 촉진해 깊은 잠으로 이끈다.

운동은 수면의 깊이뿐 아니라 질도 개선시켜 피로를 풀어준다. 운동한 후에는 일시적으로 체온이 올라가지만, 그 후 몇 시간에 걸쳐 서서히 심부체온이 떨어져 편안하게 잠들고 깊은 수면을 취하게 된다.

숙면하면 뇌의 피로가 해소되고, 다음날의 기억력과 집중력을 최대한으로 높일 수 있다.

🏃운동 효과 ❼ 모든 일에 의욕이 샘솟는다

공부하거나 무언가를 배우기 위해 필요한 것은 꾸준히 '계속하는' 것이지만, 무언가를 지속할 수 있는 의욕을 유지하는 것은 쉽지 않다. 그런데 뇌 속에서 의욕이나 의지를 이끌어내는 물질이 바로 도파민이다.

도파민은 그 자체로 기억력을 좋게 하는 효과도 있고, 여기에 의욕까지 상승시키는 역할을 한다. 또한 도파민은 행복감을 불러일으키는 작용으로 행복물질이라고도 불린다.

그렇다면 어떻게 해야 도파민이 많이 생성될까? 바로 운동이다. 운동을 하면 중추에 있는 뉴런이 새로운 도파민 수용체를 생성하므로 의욕이 솟아나고, 기억력이 좋아지고, 행복감도 느낄 수 있는 것이다.

내 지인 중에는 하루도 빼지 않고 마라톤 연습을 하는 사람이 여럿 있다. 그렇게 한 가지 일에 빠질 수 있는 이유는 마라톤을 통해 의욕 상승 물질이자 행복물질인 도파민이 분비되기 때문이다.

운동 효과 ⑧ ▶ 스트레스가 해소된다

스트레스가 쌓이면 부신피질에서 코티솔이 분비된다. 우리 뇌의 해마는 코티솔에 취약해서 대량의 코티솔이 분비되면 해마 세포가 죽어버린다고 앞에서 말했다.

그렇다면 해마에 악영향을 미치는 코티솔을 없애는 방법은 없을까? 그 역시 운동이 답이다. 운동을 하면 혈중 코티솔 농도가 떨어지는 것이다. '운동이 스트레스 해소에 좋다'는 것은 그냥 하는 말이 아니라 뇌과학적으로 증명된 사실이다.

회사 상사와의 트러블로 고민하는 경우, 회사를 그만두거나 부서를 바꾸지 않는 한 스트레스가 해소되지 않을 것이라 생각하기 쉽다. 하지만 해소될 수 없을 것 같던 스트레스도 운동을 함으로써 상당 부분 경감시킬 수 있다.

코티솔은 해마에 악영향을 미치고 기억력을 떨어뜨린다. 하지만 운동을 통해 코티솔을 줄이고 기억력을 개선할 수 있다.

운동 효과 ⑨ ▶ 치매가 예방된다

치매는 알츠하이머병 치매, 뇌혈관성 치매, 레비 소체형 치매 등으로 나뉜다. 그중에서 알츠하이머병이 절반을 차지하기 때문에 치매 예방이라고 하면 '알츠하이머병 예방' 중심으로 논의된다.

알츠하이머병 예방 연구는 대단히 활발하게 진행되고 있다. 수많은 연구 중에서 통계적 유의차가 인정되고, 재현성이 있으며, 과학적인 증거가 뒷받침되는 방법은 '운동'뿐이다.

균형 잡힌 식사, 보드게임 등의 뇌 훈련, 풍부한 인간관계 등이 치매에 효과가 있다는 보고가 있기는 하지만, 이 모두는 후향성 연구(과거의 일에 대해 조사하는 연구, 역학 연구)였다. 전향성 연구(연구를 시작하고 나서 새롭게 발생하는 일에 대해 조사하는 연구, 개입 연구)에서는 충분한 과학적 증거가 발견되었다고 말하기 어렵다.

결국 최고의 치매 예방법은 '운동'이란 결론을 내릴 수 있다. 500명을 대상으로 한 역학 연구에서, 주 2회 이상 운동하는 사람은 그렇지 않은 사람에 비해 치매에 걸릴 확률이 50퍼센트 이상 낮다는 결과가 나왔다.

주 2회, 1회에 20분 이상 유산소운동을 하면 알츠하이머병에 걸릴 위험을 크게 줄일 수 있다는 보고도 나와 있다. 또 다른 연구들도 정기적인 유산소운동이 알츠하이머병을 예방할 수 있음을 증명했다.

알츠하이머병을 유발하는 위험인자 7가지는 다음과 같다.

(1)당뇨병 (2)고혈압 (3)비만 (4)운동 부족 (5)우울증 (6)흡연 (7)저학력

정기적인 운동은 당뇨병, 고혈압, 비만 등의 생활습관병 개선에도 도움을 준다. 따라서 운동을 하면 당뇨병, 고혈압, 비만 그리고 운동 부족까지, 즉 알츠하이머병의 7가지 주요 인자 중 4가지를 해결할 수 있는 셈이다.

그뿐이 아니다. 당뇨병, 고혈압, 비만은 뇌혈관성 치매의 위험인자

이기도 하므로 운동하는 습관은 치매 예방을 위한 최고의 방법이라 할 수 있다.

🔑운동 효과 ⑩ ▶ 행복감을 느끼게 된다

운동을 한 후 기분이 상쾌해지는 경험을 누구나 해봤을 것이다. 실제로 많은 데이터들이 운동의 기분전환 효과를 뒷받침하고 있다. 운동을 하면 세로토닌, 노르아드레날린, 도파민 등의 뇌내 물질이 분비되는데, 그중에서도 특히 세로토닌은 '상쾌한 기분'과 관계가 깊다.

우울증은 세로토닌이나 노르아드레날린이 저하된 상태다. 반대로 세로토닌이나 노르아드레날린이 늘어날수록 기분이 좋아지는 것이다.

정신의학계는 '운동요법'에 주목하고 있다. 2010년 미국정신의학회가 발표한 '우울증 치료를 위한 가이드라인'을 살펴보면, 운동요법이 약물요법과 동일한 수준의 효과가 있고, 재발 방지에 있어서는 약물요법을 능가한다고 밝히고 있다.

운동은 정신의학적으로도 매우 건강한 효과를 발휘한다고 할 수 있다.

뇌를 위한 운동법은 따로 있다

유산소 운동이 최선이다

운동이 뇌에 매우 긍정적 효과를 발휘한다는 것을 충분히 이해했을 것이다. 그렇다면 구체적으로 어떤 운동을 어떤 페이스로 하는 것이 효과적일까? 지금부터 알아보기로 하자.

결론적으로 뇌에 효과적인 운동은 유산소운동이다. 스트레칭에는 긴장과 불안을 해소하는 효과가 있지만 뇌를 활성화시키지는 못한다. 근육운동 역시 뇌와 별 관계가 없다.

물론 근육운동이나 스트레칭이 전혀 효과가 없다는 말은 아니다. 근육운동은 뼈를 강화하고 성장호르몬을 분비시켜 손상된 세포를 복구하고 면역력을 증강한다. 스트레칭을 하면 관절이 강화되어 상처나 골절을 예방하므로, 고령자에겐 두 가지 운동 모두 중요하다.

하지만 뇌의 관점에서는 유산소운동이 꼭 필요하다는 의미다. 걷기, 달리기, 자전거 타기, 에어로바이크, 수영, 댄스, 에어로빅 등이 대표적인 유산소운동이다.

운동 시간, 빈도, 강도 설정하기

격렬한 운동을 할 필요는 없다. 강도가 센 운동을 주 1회 하기보다, 중간 정도의 운동을 주 3회 한 시간씩 하는 편이 효과적이다. 뇌 활동에 있어 눈에 띌 정도의 효과를 기대하려면 적어도 주 2회 이상은 실천하는 것이 좋다.

중간 강도의 운동이란 최대 심장 박동수의 65~75퍼센트 상태로 할 수 있는 활동이다. 빠른 속도로 걷거나, 가볍게 달리거나, 땀이 살짝 날 정도의 운동이라 생각하면 된다.

이 정도 심장 박동수에서 지방연소율이 가장 높다고 하니, 다이어트에도 효과적일 것이다.

복잡한 운동을 할수록 효과는 커진다

매일 러닝머신 위를 달리는 사람들에겐 반갑지 않은 정보가 있다.

신경과학자 윌리엄 그리노 박사는 쥐를 이용한 연구를 통해, 운동을 하면 뉴런에서 새로운 가지들이 뻗어 나온다는 사실을 발견했다.

쥐를 두 그룹으로 나누고 한쪽 그룹의 쥐는 단순히 달리게 하고, 다른 그룹은 평균대나 불안정한 장애물, 고무로 만든 사다리를 오르게 하는 등 복잡한 운동을 시켰다. 2주 후 복잡한 운동을 한 그룹의 쥐는 소뇌의 BDNF가 35퍼센트 증가한 데 비해, 그냥 달리기만 한 쥐의 소뇌는 아무 변화도 보이지 않았다.

'유산소운동'과 '복잡한 운동'은 뇌에 각기 다른 효과를 준다는 것이다. 즉 복잡한 움직임이 들어간 운동 쪽이 뇌에 자극을 더 주고 바람직한 효과를 낼 수 있다. 스포츠센터에는 에어로빅이나 댄스 등 다채로운 운동 프로그램이 마련되어 있다. 그저 기계 위에서 달리기만 할 것이 아니라 복잡하게 머리를 사용하는 동작을 곁들이면 뇌를 활성화하는 데 효과적이다.

또 똑같은 달리기를 하더라도 기계 위보다 야외가 좋다. 날마다 같은 코스를 달리지 말고 가끔씩 다른 길을 달리도록 하자. 도시의 포장된 도로보다 가로수길이나 산길을 달려보기도 하자. 예측할 수 없는

산길을 달리는 '트레일 러닝'은 뇌를 활성화하는 효과가 높다고 알려
져 있다.

밤 운동과 낮 운동의 차이

밤늦게 스포츠센터 앞을 지나다 보면, 많은 사람들이 러닝머신 위
를 달리는 모습을 볼 수 있다. 본인은 건강해진다 생각하겠지만, 밤늦
은 시간의 운동은 그다지 바람직하지 않다.

잠들기 직전에 격렬한 운동을 하면 낮에 활동하는 신경인 교감신
경이 우위에 놓이고, 잠들 때까지 심부체온이 내려가지 않아 수면에
는 오히려 역효과를 불러일으킨다.

'운동을 언제 하는 것이 가장 효과적인가'에 대해서는 여러 가지 의
견이 있다. 깊이 잠들고 싶다면 저녁 무렵이 좋다고는 하지만, 회사에
매여 있다면 어려울 수 있다. 아무튼 잠들기 3시간 전까지는 운동을
마친다는 것을 원칙으로 삼으면 된다.

운동 + 두뇌 훈련의 시너지 효과

6장에서 멀티태스킹은 작업 효율을 떨어뜨리므로 피해야 한다고
강조했다. 하지만 운동하면서 뭔가 다른 동작을 하는 '운동과 멀티태
스킹'은 뇌를 활성화하는 효과를 높인다고 알려져 있다.

일본 국립 장수의료연구센터가 가벼운 인지장애를 앓고 있는 사람
100명을 대상으로 연구한 자료가 있다. 6개월간 '운동+두뇌 쓰기' 그

룹과 '건강강좌 듣기' 그룹으로 나누어 관찰한 결과, '운동+두뇌 쓰기' 그룹에서 뇌의 위축이 방지되고 기억력이 개선되는 효과가 나타났음이 확인됐다.

이처럼 운동과 동시에 하는 뇌 훈련은 매우 효과적이다. 걷기나 스태퍼 운동을 하면서, 연속된 숫자에서 3을 계속해서 빼거나(100, 101, 102에서 3을 빼 나가면 된다), 두세 명이 짝을 이루어 낱말 잇기 게임을 하는 방법을 추천한다.

시간이 지나면 계산에 익숙해지므로 3 다음에는 7을 빼거나, 아니면 3과 9를 번갈아 빼는 등 다양한 방법을 시도해보자. 뇌에 더 많은 자극을 줄 수 있다.

운동과 두뇌 훈련을 함께 하는 멀티태스킹은 단독으로 운동을 하거나 두뇌 훈련을 할 때보다 훨씬 큰 효과를 볼 수 있다. 치매 연구자들 사이에서도 치매 예방을 위한 최고의 방법으로 손꼽힌다.

즐기면서 해야 계속할 수 있다

지금까지 여러 이야기를 했지만, 이런 방법들도 꾸준히 계속하지 않으면 아무런 의미가 없다. 한 번만 운동해도 학습능력이 증강되는 효과를 얻을 수 있다고는 하지만, 치매 예방을 위해서라면 반년이나 일 년, 그리고 그 후로도 지속해야 한다.

또한 운동은 누가 시켜서 할 때나 하고 싶지 않은데 억지로 할 때는 의미가 없다. 실험쥐에게 강제로 운동을 시켰더니 뇌에 긍정적인 효과가 나타나지 않았다고 한다.

운동은 즐기면서 하는 것이 중요하다.

힘들여 격렬한 운동을 하기보다는 기분 좋게 땀이 날 정도의 운동을 즐거운 마음으로 장기적으로 지속하는 것이 좋다. 운동을 생활습관으로 만들어야 한다는 뜻이다.

정신과 의사의 운동습관은?

잠시 내가 하고 있는 운동을 소개해볼까 한다.

나는 근육운동을 주 1회 하고, 스포츠센터에서 유산소운동을 주 2~3회 한다. 시간은 하루 1~2시간, 횟수는 주 3~4회다. 5년 이상 이렇게 운동하고 있는데, 운동하기 전에 비해 체중이 15킬로그램 정도 줄었다. 운동 습관이 몸에 붙고 나서는 오래 서 있어도 피로하지 않고 몸의 움직임도 가벼워져 몸과 마음 모두 최상의 컨디션을 유지하고 있다.

최근에는 스포츠센터의 프로그램인 'FIGHT DO'에 푹 빠져 있다. 복싱에 가라테, 무에타이 등을 가미한 격투기 운동이다. 내가 이 운동에 빠지게 된 것은 다이어트 효과가 좋을 뿐더러 움직임이 대단히 복잡하고 어렵기 때문이다.

약 5분 길이의 노래가 7~8곡 이어질 동안, 그러니까 대략 45분간 음악에 맞추어 몸을 움직이는 운동인데, 음악에 따라 다른 동작을 4번 반복하면 다음 동작으로 넘어간다. 조금만 딴생각을 해도 움직임을 놓쳐버린다. 게다가 평범한 펀치나 킥뿐만 아니라 '날아차기' 등 쉽사리 할 수 없는 어렵고 복잡한 동작도 군데군데 들어 있다.

이 동작들을 틀리지 않고 해내는 것도 힘들지만, 간신히 몸에 익혔다고 생각하면 3개월 만에 프로그램이 완전히 싹 바뀌어버린다. 새로운 음악, 새로운 동작으로 교체되니 다시 처음부터 학습하지 않으면 안 된다. 'FIGHT DO'는 꽤 힘든 운동이지만, 운동하는 동안 엄청나게 신나고 그 성취감은 말할 수 없이 크다.

유산소운동, 머리를 쓰는 멀티태스킹, 복잡한 몸동작에 즐거움까지, '뇌를 활성화하는 운동'의 모든 요소가 다 들어 있는 셈이다. 내게는 즐겁게 지속할 수 있는 이상적인 운동이라 하겠다. 사실 운동 후엔 온몸이 녹초가 되지만, 머리는 오히려 맑아지고 집중력이 높아진다. 나는 스포츠센터에서 나오자마자 카페로 가서 집필 작업을 한다.

'뇌를 활성화하는 운동'의 특징이 어떤 것인지 이해했을 것이라 믿는다. 이제 자신의 생활습관에 맞는 운동을 찾아서 꾸준히 계속하자. 뇌와 몸의 건강을 위해서는 운동이 필수다.

치매 예방을 위한 5가지 생활습관

치매는 증상이 나타나기 20년 전에 시작된다

앞에서 치매의 위험을 줄여주는 '운동'의 효과에 대해 설명했다. 그러면 운동이 아닌 다른 방법은 없을까? 물론 있다. 식사나 그 밖의 생활습관에 주의하면 치매의 위험을 한층 더 줄일 수 있다.

"난 젊으니까 아직 치매하고는 상관없어." 안타깝지만 이렇게 말하는 사람은 잘못 생각하고 있는 것이다.

가족성 알츠하이머병이라는 것이 있다. 유전적 발병 확률이 매우 높은 가계가 있다는 의미다. 워싱턴 대학을 중심으로 알츠하이머병 확률이 높은 가계에 속하는 사람 300명에 대한 대규모 연구가 이루어졌다.

그 결과 알츠하이머병의 원인물질이라 알려진 '아밀로이드 베타 단백'은 '건망증' 증상이 나타나기 최소한 25년 전에 이미 축적되고 있었다는 사실이 밝혀졌다.

70세에 알츠하이머병이 발병한 사람은 45세 무렵부터 아밀로이드 베타 단백이 축적되어 서서히 병이 진행되었다는 뜻이다.

아무리 운동이 알츠하이머병을 예방해준다고 한들 60세가 넘어서 시작한다면 큰 효과를 볼 수 없다. 건망증이 심해진 후에 이런저런 방법을 시도한다면, 어느 정도는 증상이 개선되겠지만 병을 예방하기에는 늦은 것이다.

40세 이후라면 주 2, 3회의 유산소운동을 습관화하면서 동시에 '생활습관'에도 주의를 기울여야 할 것이다.

🔑 치매 예방 생활습관 ❶ ▶ 당뇨나 고혈압을 조심한다

당뇨병, 고혈압, 고지혈증 등의 생활습관병은 치매와 관련이 깊다. 알츠하이머병 치매나 뇌혈관성 치매가 모두 그렇다. 특히 최근에는 당뇨병과 알츠하이머병의 관계가 주목받고 있다.

당뇨병을 앓고 있으면 뇌혈관성 치매에 걸릴 위험이 2~3배나 증가한다는 사실은 예전부터 알려져 있었지만, 알츠하이머병에 걸릴 위험도 약 2배나 증가한다는 것이다.

당뇨병은 정기검진에서 쉽게 발견될 수 있다. 만약 검진 결과 당뇨 진단이 나왔다면 철저하게 식사요법과 운동을 실천해야 하고, 경계성 당뇨 진단을 받았다면 병이 더 진행되지 않도록 최선을 다해야 할 것이다.

고혈압의 경우, 노년기보다 중년기의 고혈압이 알츠하이머병과 관련이 깊다는 연구가 나와 있다. '아직 젊으니까 괜찮다'고 생각할 것이 아니라 신속하게 식단을 바꾸고 운동요법을 실천해야 한다.

치매 예방 생활습관 ❷ ▶ 금연한다

흡연은 치매의 중대한 위험요소다. 50~60대의 흡연량과 20년 후의 치매 발병률을 조사한 결과가 있다. 하루 11~40개비를 피우는 사람은 비흡연자에 비해 1.4배, 41개비 이상을 피우는 경우는 2.1배 치매 발병률이 높은 것으로 드러났다.

예전에 흡연이 알츠하이머병의 위험을 줄인다는 소문이 퍼진 적이 있는데 이는 완전히 잘못된 것이다. 흡연은 알츠하이머병뿐 아니라 뇌혈관성 치매를 일으킬 위험도 높인다. 치매에 걸리고 싶지 않다면 담배부터 끊어야 한다.

역학연구를 통해 채소, 과일(비타민C, 비타민E, 베타카로틴), 등푸른 생선(DHA, EPA), 적포도주(폴리페놀) 등이 치매 예방에 효과가 있다는 것이 밝혀졌다.

비타민C, 비타민E, 폴리페놀은 강한 항산화작용을 한다. 불포화지방산인 DHA, EPA는 혈중 콜레스테롤의 농도를 낮추고 동맥경화의 위험을 줄여준다. 다만 이 결과는 동물실험에서 고농도로 투여한 데이터를 바탕으로 한 것이다.

역학연구의 반대 개념인 '개입연구(전향성 연구)'의 관점에서 보면, 치매 예방에 확실한 효과가 있다고 할 식품은 아직 없다.

사실 피실험자의 '식사'를 몇 년에 걸쳐 제한한다는 것은 현실적으로 불가능하며 '뭐를 먹으면 병이 낫는다'는 얘기를 과학적으로 증명하기도 어렵다.

지방의 한 병원에서 근무하던 시절, 나는 종종 치매 환자의 집을 방문했다. 그들은 대부분 편의점 도시락이나 흰쌀밥에 달랑 하나뿐인 반찬, 또는 탄수화물 중심에 부족한 채소 등, 누가 보더라도 '편식'에 가까운 식사를 하고 있었다.

탄수화물이나 육류 위주의 식사는 치매뿐만 아니라 어떤 면에서 보더라도 건강에 좋을 리가 없다. 균형 잡힌 식사야말로 건강을 위한 첫 번째 조건이다.

🔑 치매 예방 생활습관 ④ ▶ **충분한 수면을 취한다**

수면은 '기억력'뿐 아니라 '치매'와도 밀접한 관련이 있다. 워싱턴 대학의 연구에 따르면, 수면 효율이 나쁜 사람은 알츠하이머병에 걸릴 확률이 최대 5배 이상이나 높아진다고 한다.

우리가 밤잠을 잘 때에도 뇌는 쉬고 있지 않다. 뇌척수액이 순환하며 하루 동안의 두뇌 활동에서 발생한 노폐물을 회수한다. 숙면을 취해야 알츠하이머병의 원인물질인 아밀로이드 베타 단백을 깨끗이 청소할 수 있다는 의미다.

일본 국립정신·신경의료센터의 연구에 따르면, 30분 이내의 낮잠이 알츠하이머병의 위험을 5분의 1로 줄여준다. 생활 여건상 밤에는 충분한 수면을 취할 수 없는 사람이라면 낮잠을 통해서라도 부족한 수면을 보충하도록 하자.

🔑 치매 예방 생활습관 ⑤ ▶ **다양한 예방책을 종합적으로 실천한다**

토론토 대학의 나크비 박사는 운동이나 건강보조제보다는 퍼즐로 뇌를 훈련하는 것이 치매 예방에 효과적이란 연구를 발표했다. 미국에서 75세 이상 고령자 469명을 약 5년간 추적한 연구에서도 '독서', '보드게임', '악기 연주', '댄스'를 자주 하는 사람이 그다지 하지 않는 사람에 비해 최대 76퍼센트나 치매 위험이 낮다는 사실이 밝혀졌다.

이처럼 역학연구에서는 보드게임(체스, 장기, 바둑), 퍼즐(크로스워드) 등이 치매 예방과 관계가 있다는 보고가 있지만, 개입연구에서는 그만큼 확실한 효과가 나오지 않고 있다. 뇌 훈련으로 치매를 완벽하게 예방할 수 있다고 말하긴 어렵지만, 뇌를 활성화하는 유효한 방법이며 치매 예방법의 후보라고는 할 수 있다.

그렇다면 이런 의문이 든다. 의자에 오랜 시간 앉아서 뇌 훈련만 계속한다고 치매에 걸리지 않는 걸까? 결국 치매가 그렇게 단순한 문제가 아니라는 결론에 이른다.

뇌의 병적 노화현상인 치매는 한 가지 방법만으로 막을 수 없다. 최근 유도 시합에서 '한판승'이 적어졌듯이 치매에도 '이것만 하면 예방할 수 있다'는 비책은 존재하지 않는다.

'운동'을 기본으로 하면서 '식사'에도 신경 쓰고 독서를 하거나 사람들을 만나는 등 뇌를 활성화하는 생활습관을 종합적으로 실천하자. 다양한 예방책의 시너지 효과로 치매를 막을 수 있을 것이다.

맺음말

기억법은 자신의 가능성을
무한대로 넓혀준다

이 책을 끝까지 읽어준 독자들에게 감사드린다.

이제 여러분은 '외우지 않는 기억법'이 단순한 '암기술'과는 전혀 다르다는 것을 이해했을 것이다. 머릿속에 정보를 그냥 쌓아두기만 하는 '기존의 기억법'은 그 의미와 효용을 다했다.

이 책에서 밝힌 '외우지 않는 기억법'은 정보를 뇌 속에 축적하는 것에 집착하지 않고 인터넷이나 SNS 등 자신의 외부에 '기억'을 남김으로써 기억의 잠재력을 거의 무한대로 넓히는 것을 말한다. 인터넷과 소셜미디어 시대에 안성맞춤인 '미래의 기억법'이라 할 수 있다.

기억력은 나이가 들수록 계속 떨어진다고 생각하겠지만, 사실이 아니다. 나이가 들어서도 기억력이 좋아질 수 있다. '운동'이나 '수면' 등 뇌를 활성화하고 뇌의 노화를 방지하는 생활습관을 실천하여 뇌와 몸 양쪽 모두 건강해질 수 있다.

아무런 훈련도 하지 않는 사람은 해마다 뇌가 위축되고 기능이 떨어진다. 치매에 걸릴 위험도 높아진다. 이 모든 비관적 미래는, 뇌를 단련시키지 않기 때문이다. 뇌를 꾸준히 단련하면 작업능력이 향상되고 인풋과 아웃풋의 반복에 따라 비약적으로 자기성장이 이루어진다.

아웃풋이야말로 최고의 성공 법칙이다

머리말에서도 밝혔듯이, 의과대학에 들어간 나는 동급생들의 암기 능력에 깜짝 놀라 기억력으로 승부한다면 절대로 그들을 이길 수 없다는 것을 깨달았다. 단순 암기력이 아닌 다른 부분에서 그들을 이길 수 있는 방법은 없을까?

그 후 나는 정신과 의사가 되어 적극적으로 학회에서 발표하고, 취미 삼아 수프카레 웹사이트를 만들고, 미국 유학 중에는 영화 관련 메일 매거진을 발행했다. 귀국 후에는 SNS를 활용해 정신의학 관련 정보를 사람들에게 소개했고 여러 권의 책을 집필하기도 했다.

약 25년간 이런저런 시행착오를 거친 결과 '나만의' 잠재력을 최대한 이끌어내는 방법, 즉 '최고의 성공법칙'을 발견했다. 책을 성실히 읽은 독자라면 벌써 알아차렸을 것이다. 그것은 바로 '아웃풋'이다.

아웃풋은 최고의 기억법이면서 자기성장을 위한 밑거름이다. 인풋과 아웃풋을 반복함으로써 마치 나선형 계단을 올라가듯이 스스로 성장해 나갈 수 있다. 물론 아웃풋뿐 아니라 충분한 인풋 또한 필요하다. 나는 이 책에서 매일 실천할 수 있는 아웃풋 방법을 모두 소개했다.

또한 내가 25년 동안 겪은 시행착오와 더불어 최신의 뇌과학이 뒷받침해주는 '기억법' 역시 집대성해서 알려주었다. 이런 노하우를 하나하나 아웃풋 하면서 행동으로 옮긴다면 '책을 읽어봤자 아무것도 달라지지 않는다'는 말은 절대 나오지 않을 것이다.

대부분의 사람들은 '인풋 과잉, 아웃풋 부족' 상태에 있다. 인풋에 들이는 시간을 줄여서라도 아웃풋을 조금씩 늘려보라. 꾸준히 실천해 나간다면 여러분도 틀림없이 자기성장을 위한 나선형 계단을 밟기 시작할 것이다.

정보 수신자가 아니라 정보 발신자가 돼라

지하철을 타면 대부분의 사람들이 스마트폰을 보고 있다. 하지만 그들 대부분은 스마트폰을 '인풋'을 위한 도구로 사용한다. 그런 시간을 조금만 줄여서 아웃풋을 위한 시간으로 돌린다면 인생이 바뀐다.

세상 사람들은 '정보 수신자'와 '정보 발신자'로 나눌 수 있다. 99퍼센트가 정보 수신자이고 1퍼센트가 정보 발신자일 것이다. 아니 어쩌면 99.9퍼센트와 0.1퍼센트의 비율일지도 모르겠다. '검색하는 사람'과 '검색되는 사람'은 '돈을 내는 사람'과 '돈을 받는 사람'으로 바꾸어 말해도 무방하다. 여러분은 어느 쪽에 속하고 싶은가?

다행히 페이스북이나 블로그 등 정보 발신을 위한 도구는 거의 무료로 사용할 수 있다. 여러분이 '정보 수신자'에서 '정보 발신자'로 변하려고 생각한다면 오늘부터라도 당장 할 수 있다. 나처럼 몇 십만 명에게 정보를 보낼 필요는 없다. 정보 발신은 '숫자'가 전부가 아니다. 내가 운영했던 수프카레 웹사이트도 처음에는 하루 열 명밖에 보지 않는 사이트였다.

정보 발신이라는 아웃풋을 통해 여러분의 '기억력'은 단련되고 '기억'이 증식되어 급속히 자기성장이 이루어진다. 게다가 남에게 도움이 되는 아웃풋을 하면, 상대방이 고마워하고 기뻐해주므로 계속 하고 싶은 의욕이 생긴다.

결과적으로 마음, 뇌, 몸의 건강을 한꺼번에 손에 넣을 수 있게 되는 것이다. 이렇게 멋진 일이 또 어디 있는가?

이 책에 실린 솔루션들이 널리 전파되면 기억력 때문에 좌절하는 사람도, 치매에 걸리는 환자도 줄어들 것이 분명하다.

독자들에게 작은 도움이 된다면 정신과 의사로서 더할 나위 없는 기쁨이리라.

가바사와 시온

◇ 당신은 언제나 옳습니다. 그대의 삶을 응원합니다_라의눈 출판그룹

정신과 전문의가 알려주는 슈퍼 뇌력 암기 기술

외우지 않는 기억법

초판 1쇄 2023년 9월 1일

지은이 가바사와 시온 옮긴이 박성민
펴낸이 설응도 편집주간 안은주
영업책임 민경업

펴낸곳 라의눈

출판등록 2014 년 1 월 13일(제2019−000228 호)
주소 서울시 강남구 테헤란로 78 길 14−12(대치동) 동영빌딩 4층
전화 02−466−1283 팩스 02−466−1301

문의 (e-mail)
편집 editor@eyeofra.co.kr
마케팅 marketing@eyeofra.co.kr
경영지원 management@eyeofra.co.kr

ISBN : 979-11-92151-58-8 13320